Kauderwelsch
Band 31

D1919353

© luda@Fotolia.com

Blick auf das Parlament, Budapest

# Impressum

Pia Simig
**Ungarisch – Wort für Wort**
erschienen im
Reise Know-How Verlag Peter Rump GmbH
Osnabrücker Str. 79, D-33649 Bielefeld
info@reise-know-how.de

© Reise Know-How Verlag Peter Rump GmbH
14. Auflage 2017
Konzeption, Gliederung, Layout und Umschlagklappen wurden speziell für die Reihe „Kauderwelsch“ entwickelt und sind urheberrechtlich geschützt.
Alle Rechte vorbehalten.

*Bearbeitung* Birgit Steffen
*Layout* Svenja Lutterbeck
*Layout-Konzept* Günter Pawlak, FaktorZwo! Bielefeld
*Umschlag* Peter Rump (Titelfoto: Pia Simig)
*Kartographie* Iain Macneish
*Fotos* Pia Simig / György Simig / Frank Strzyzewski (3S), Fotografen@Fotolia.com (Nachweis am jeweiligen Foto)
*Druck & Bindung* Werbedruck GmbH Horst Schreckhase, Spangenberg

**ISBN 978-3-8317-6413-6**
Printed in Germany

Wer im Buchhandel kein Glück hat, bekommt unsere Bücher zuzüglich Porto- und Verpackungskosten auch direkt über unseren Internet-Shop: ***www.reise-know-how.de***

Die Internetseiten mit Aussprachebeispielen und der Zugriff auf diese über QR-Codes sind eine freiwillige, kostenlose Zusatzleistung des Verlages. Der Verlag behält sich vor, die Bereitstellung des Angebotes und die Möglichkeit der Nutzung zeitlich und inhaltlich zu beschränken. Der Verlag übernimmt keine Garantie für das Funktionieren der Seiten und keine Haftung für Schäden, die aus dem Gebrauch der Seiten resultieren. Es besteht ferner kein Anspruch auf eine unbefristete Bereitstellung der Seiten.

Der Verlag möchte die **Reihe Kauderwelsch** weiter ausbauen und **sucht Autoren!** Mehr Informationen finden Sie unter ***www.reise-know-how.de/rkh_mitarbeit.php***

Kauderwelsch

Pia Simig

# Ungarisch

*Wort für Wort*

## Kauderwelsch heißt:

- Schnell mit dem **Sprechen** beginnen, auch wenn nicht immer alles korrekt ist.
- Von der **Grammatik** wird nur das Wichtigste in einfachen Worten erklärt.
- Alle Beispielsätze werden doppelt ins Deutsche übertragen: erst **Wort-für-Wort,** dann in normales Deutsch. Die Wort-für-Wort-Übersetzung hilft, die neue Sprache schneller zu durchschauen, außerdem lassen sich dadurch leichter einzelne Wörter im fremdsprachigen Satz austauschen.
- Es geht um die **Alltagssprache,** also das, was man tatsächlich auf der Straße hört.
- Die **Autoren** sind entweder Reisende, die die Sprache im Land selbst gelernt haben oder Muttersprachler.

**Kauderwelsch-Sprachführer** sind keine Lehrbücher, aber viel mehr als traditionelle Reisesprachführer. Wer ein wenig Zeit investiert, einige Vokabeln lernt und die Sprache im Land anwendet, wird **Türen öffnen,** ein Lächeln ins Gesicht zaubern und reichere Erfahrungen machen.

## Talk to each other!

# Kauderwelsch zum Anhören

Einzelne Sätze und Ausdrücke aus diesem Buch können Sie sich **kostenlos anhören.** Diese **Aussprachebeispiele** erreichen Sie über die im Buch abgedruckten QR-Codes oder diese Adresse: **www.reise-know-how.de/kauderwelsch/031**

Die Aussprachebeispiele im Buch sind Auszüge aus dem umfassenden Tonmaterial, das unter dem Titel **„Kauderwelsch Aussprachetrainer Ungarisch"** separat erhältlich ist – als Download über Online-Hörbuchshops (ISBN 978-3-95852-153-7 ) oder als CD im Buchhandel (ISBN 978-3-8317-6081-7). Beide Versionen erhalten Sie auch über unsere Internetseite:

- **www.reise-know-how.de**

Alle Sätze, die Sie auf dem Aussprachetrainer hören können, sind in diesem Buch mit einem gekennzeichnet.

# Inhalt

# Inhalt

## Konversation

## Anhang

© 3S

Csárdás unter freiem Himmel

# Vorwort

Viele Leute denken, wenn sie das Wort Ungarn hören, gleich an Tschardasch, Paprika und Julischka. Und wer hat nicht den Film „Ich denke oft an Piroschka" gesehen? Das Mädchen, das in der Puszta, in einem Dorf mit dem unaussprechlichen Namen Hódmezővásárhelykutasipuszta lebt. (Was soviel heißt wie „ein Ort in der Puszta, der einen Brunnen hat, wo es Biber, Weiden und einen Markt gibt".) Der Name zeigt (etwas übertrieben), was das Wesen der ungarischen Sprache ausmacht, nämlich möglichst viel in einem Wort unterzubringen.

Dieses „anleimende" Verfahren hat ihr den zweifelhaften Ruhm eingebracht, eine schwer erlernbare Sprache zu sein.

In Wirklichkeit ist es aber nicht so wild. Anfangs wird es zwar ungewohnt sein, Sätze zu bilden, indem man Nachsilben an die Wörter „anklebt", aber später lernt man die Kürze der Sätze auch zu schätzen. So kann man die drei Worte „Ich liebe dich" dem Freund oder der Freundin mit nur einem einzigen Wort ins Ohr flüstern:

**szeretlek**
ßärätläk
*liebe(-ich-dich)*
Ich liebe dich.

Wenn man sich mutig im Sprechen übt, wird man bald das richtige Sprachgefühl entwickeln. Zum Trost: Es gibt ein ungarisches Sprichwort, das sagt:

**A magyar nyelv nem fenékig tejföl.**
å mådjår njälw näm fäneekig täjföl
*die ungarische Sprache nicht Boden-bis Sauerrahm*
Ungarisch ist nicht bis zum Boden Sauerrahm.

## Zwei Hauptmerkmale

Bevor Sie die Gebrauchsanweisung lesen, will ich Ihnen die zwei wichtigsten Grundbegriffe der ungarischen Sprache vorstellen:

*Sie sind der Schlüssel, um die ungarische Sprachstruktur zu verstehen, auch wenn man viele komplizierte Regeln der Wort- und Satzbildung nicht kennt.*

1. Nachsilben (Suffixe), und
2. Selbstlautharmonie (Vokalharmonie).

### Nachsilben

Die ungarische Sprache gehört zur finnisch-ugrischen Sprachfamilie. Die Magyaren brachten sie vor über 1.000 Jahren aus der Steppe Asiens mit. Vom Sprachtyp her ist sie eine anreihende (agglutinierende) Sprache. Das bedeutet, an den unveränderten Wortstamm werden Nachsilben (Suffixe) angehängt, die die grammatikalischen Beziehungen ausdrücken. So verwendet man z. B. anstelle von Verhältniswörtern (*in, zu, über,* usw.) Nachsilben.

| | |
|---|---|
| **ház** haas | Haus |
| **házban** haasbån | im Haus |

*Haus-in(Dativ)*

Diese Nachsilben werden an Hauptwörter, Verben und andere Satzteile gehängt. Im Vorwort steht der Satz: „Ich liebe dich." (szeretlek). Man bildet ihn, indem man an den Wortstamm die Nachsilbe -lek hängt, die die Beziehung *ich-dich* beinhaltet:

| | | | | |
|---|---|---|---|---|
| **szeret** | **+** | **-lek** | **=** | **szeretlek** |
| ßärät | | -läk | = | ßärätläk |
| lieben | + | *ich-dich* | = | ich liebe dich |

Natürlich gibt es auch Wörter, die mehrere Nachsilben nacheinander haben. So etwa, wenn man z. B. „in meinem Haus" sagt:

| | | | |
|---|---|---|---|
| Haus | = | **ház** | **házamban** |
| mein | = | **-m, -am, -om, -em** | haasåmbån |
| in | = | **-ban, -ben** | *Haus-mein -in(Dativ)* |

Was die Reihenfolge der Nachsilben anbelangt, merken Sie sich nur:

An den Wortstamm kommt immer als erstes die Nachsilbe, die etwas mit der Person zu tun hat. Die Wahl der Nachsilbe ist abhängig von den Regeln der Vokalharmonie. Diese Regeln sind sehr kompliziert, darum will ich jetzt nur das Grundprinzip erklären.

## Vokalharmonie

Die ungarischen Selbstlaute (Vokale) werden danach unterschieden, ob sie dunkel (akustisch tief) oder hell (akustisch hoch) sind.

| | |
|---|---|
| dunkle Vokale: | **a, á, o, ó, u, ú** |
| helle Vokale: | **e, é, i, í, ö, ő, ü, ű** |

In vielen ungarischen Wörtern kommen entweder nur dunkle oder nur helle Vokale vor:

| | | |
|---|---|---|
| **bocsánat** botschaanåt | Verzeihung | *(nur dunkel)* |
| **idegen** idägän | fremd | *(nur hell)* |

Die hellen Vokale i, í, e und é sind allerdings genauer gesagt „neutral", denn sie können auch in ansonsten „dunklen" Wörtern wie kocsi kotschi *(Auto, Kutsche)* vorkommen.

Die Gesetze der Vokalharmonie wirken sich auch auf die Nachsilben (Suffixe) und Bindevokale aus, d. h. die ungarischen Nachsilben kommen immer in einer „dunklen" und einer „hellen" Variante vor, damit sie sich dem Wortstamm harmonisch anpassen können.

**Seitenzahlen**

*Um Ihnen den Umgang mit den Zahlen zu erleichtern, wird auf jeder Seite die Seitenzahl auch in Ungarisch angegeben!*

| dunkler Wortstamm: | | | |
|---|---|---|---|
| **orvos** | **orvosnál** | **metró** | **metróval** |
| orwosch | orwoschnaal | mätroo | mätroowål |
| | *Arzt-bei* | | *Metro-mit* |
| Arzt | beim Arzt | Metro | mit der Metro |

| heller Wortstamm: | | | |
|---|---|---|---|
| **néni** | **néninél** | **rend** | **rendben** |
| neeni | neenineel | ränd | rändbän |
| | *Tante-bei* | | *Ordnung-in* |
| Tante | bei der Tante | Ordnung | in Ordnung |

Bindevokale werden zur Erleichterung der Aussprache eingeschoben. Sie stehen also zwischen dem Wortstamm und der Nachsilbe und passen sich im Klang dem Wortstamm an:

| | | | |
|---|---|---|---|
| dunkel: | **blúz** | bluus | Bluse |
| | **blúzok** | bluusok | Blusen |
| hell: | **ing** | ing | Hemd |
| | **ingek** | ingäk | Hemden |

Gemischt kommen helle und dunkle Vokale vor allem in zusammengesetzten Wörtern und in Wörtern fremder Herkunft vor:

| | | |
|---|---|---|
| **alma** | **lé** | **almalé** |
| Apfel | Saft | Apfelsaft |

Ein Wort, das dunkel anfängt, endet auch so. Ein Wort, das einen hellen Stamm hat, endet mit einer hellen Nachsilbe.

*Beim Anhängen der Nachsilben oder Bindevokale an einen Wortstamm bin ich mit nebenstehender Grundregel gut zurechtgekommen.*

# Hinweise zur Benutzung

Ich sagte bereits, dass die ungarische Sprache zum „anreihenden Sprachtyp" gehört, der für unser Sprachgefühl sehr fremd ist. Deshalb habe ich versucht, diesen Sprachführer so einfach wie möglich zu gestalten. Man soll damit den Aufbau von kurzen Sätzen verstehen und kleine Unterhaltungen führen können.

Es gibt einige Ausspracheregeln, die Sie sich am besten gleich einprägen. Sprechen Sie die Wörter laut vor und betonen Sie dabei grundsätzlich die erste Silbe. So bekommen Sie schnell das richtige Sprachgefühl.

Die **Grammatik** ist leider recht schwierig. Ich habe die wichtigsten Regeln so einfach wie möglich dargestellt, damit man die Sprachstruktur erkennt. Lesen Sie sie durch und blättern Sie bei Bedarf zurück! Beim Sprechen prägt sich alles schneller ein als durch stilles Lernen.

Sollten Sie keine Lust haben, die Grammatik durchzuackern, dann beachten Sie wenigstens das vorangegangene Kapitel *„Zwei Hauptmerkmale"*, damit Sie die Grundprinzipien der ungarischen Sprache verstehen.

Die angeführten Sätze sind in Kauderwelsch-Manier zweifach übersetzt. So kommt nach der Umschrift erst die **Wort-für-Wort-Übersetzung** und dann die korrekte deutsche

Übersetzung. Dadurch kann man den Satzbau und vor allem die Nachsilben gut erkennen. Entspricht ein ungarisches Wort mehreren deutschen Wörtern, so sind sie in der Wort-für-Wort-Übersetzung mit Bindestrichen verbunden:

| | | |
|---|---|---|
| **hajóval**<br>håjoowål | *Schiff-mit* | mit dem Schiff |
| **repülővel**<br>räpülööwäl | *Flugzeug-mit* | mit dem Flugzeug |

Der **Konversationsteil** enthält typische und möglichst einfache Formulierungen, die man sicher im touristischen Alltag brauchen kann.

Im Anhang des Buches befindet sich eine **Wörterliste** mit etwa 1.000 Wörtern, die zusammen mit den Wörtern aus dem Konversationsteil einen ganz guten Grundwortschatz bieten.

Die **Umschlagklappe** hilft, die wichtigsten Sätze und Formulierungen stete parat zu haben. Ist der Umschlag aufgeklappt, kann die gewünschte Satzkonstruktion mit dem entsprechendem Vokabular aus den einzelnen Kapiteln kombinert werden. Wenn alles nicht mehr weiterhilft, dann ist vielleicht das Kapitel *„Nichts verstanden? – Weiterlernen!"* der richtige Tipp. Es befindet sich auch im Umschlag, stets bereit, mit der richtigen Formulierung für z. B. „Ich habe leider nicht verstanden" oder „Entschuldigung!" auszuhelfen.

# Aussprache & Betonung

*Die im Buch verwendete Lautschrift soll bei der Aussprache der ersten Wörter und Sätze helfen. Irgendwann geht es dann automatisch!*

Was die Aussprache anbelangt, gibt es zu den folgenden Buchstaben wenig zu sagen: b, d, f, g, h, j, k, m, n, l, p, q, r, t, x und w. Man spricht sie wie im Deutschen aus, wobei das r stets ein Zungenspitzen-R ist, also gerollt wird.

Aus der folgenden Liste kann man die Aussprache der Buchstaben, die im Deutschen anders oder gar nicht vorhanden sind, entnehmen.

Zum Ansporn sei gesagt: Die Ungarn genießen es sehr, wenn sie ungarische Worte aus dem Mund eines Ausländers hören.

### Betonung

Alle Wörter werden auf der ersten Silbe betont.

### Groß- & Kleinschreibung

Im Ungarischen werden nur der Satzanfang und die Eigennamen groß geschrieben.

### Mitlaute

Folgende Mitlaute (Konsonanten) haben einen anderen Lautwert als die deutschen:

| | |
|---|---|
| **c** | wie „z“ in „**Z**igarre“:<br>**cím** ziim *(Adresse)* |
| **ly** | wie „j“ in „**j**ung“:<br>**folyó** fojoo *(Fluss)* |
| **s** | wie „sch“ in „**Sch**ule“:<br>**eső** äschöö *(Regen)* |
| **z** | stimmhaftes „s“ wie in „**S**ieg“:<br>**zene** sänä *(Musik)* |
| **v** | wie „w“ in „**W**eg“:<br>**víz** wiis *(Wasser)* |

Folgende Konsonanten(kombinationen) gibt es im Deutschen nicht:

*Derartige Doppel- und Dreifachbuchstaben gelten im Ungarischen tatsächlich als ein einziger Konsonant (und sind auch nur ein einziger Laut hinsichtlich ihrer Aussprache). Das muss bei allen alphabetischen Sortierungen berücksichtigt werden.*

| | |
|---|---|
| **cs** | wie „tsch“ in „**tsch**echisch“:<br>**kocsi** kotschi *(Wagen)* |
| **zs** | wie stimmhaftes „s(c)h“ in „**G**enie“:<br>**zsebkendő** shäbkändöö *(Taschentuch)* |
| **dz** | wie „ds“ in „Wil**ds**au“:<br>**madzag** mådsåg *(Schnur)* |
| **dzs** | wie stimmhaftes „ds(c)h“ in „**J**ohn“:<br>**dzsem** dshäm *(Marmelade)* |
| **gy** | wie „dj“ in „a**di**eu“:<br>**gyerek** djäråk *(Kind)* |
| **ny** | wie „nj“ in „Co**gn**ac“:<br>**konyha** konjhå *(Küche)* |
| **sz** | stimmloses „ß = ss“ wie in „la**ss**en“:<br>**szoba** ßobå *(Zimmer)* |
| **ty** | wie „tj“ in „Ma**tj**es“:<br>**kutya** kutjå *(Hund)* |

### lange Mitlaute

Lange Mitlaute (Konsonanten) werden doppelt geschrieben:

| | | |
|---|---|---|
| **semmi** | schämmi | nichts |

Bei Doppelbuchstaben mit dem Wert eines einzigen Konsonanten wie ny, sz, gy wird in der Schrift nur der erste Buchstabe verdoppelt:

| | | |
|---|---|---|
| **könnyű** | könjnjüü | leicht |
| **hosszú** | hoßßuu | lang |

*Falls Sie sich darunter nichts vorstellen können, weil wir so etwas im Deutschen nicht kennen, dann wissen Sie aber vielleicht doch, wie es klingt, wenn ein Italiener „Madonna" ausspricht (nämlich mit einem langen „n").*

Beachten Sie, dass doppelt geschriebene Konsonanten wirklich deutlich länger gesprochen werden als die kurzen.

### Selbstlaute

Selbstlaute (Vokale) werden in allen Silben voll ausgesprochen. Ein Akzent über dem Vokal zeigt an, dass dieser lang gesprochen wird.

### kurze Selbstlaute

Folgende kurze Vokale werden wie im Deutschen ausgesprochen: i, o, ö, u und ü.

| | | |
|---|---|---|
| **mind** | mind | alle |
| **hol** | hol | wo |
| **köszönöm** | kößönöm | ich danke |
| **kulcs** | kultsch | Schlüssel |
| **fül** | fül | Ohr |

| | |
|---|---|
| **a** | der exakte Lautwert fehlt im Hochdeutschen, er liegt zwischen a und o und ähnelt dem „a" in engl. „wh**a**t" |
| **e** | offenes „e" wie in „w**e**nn", fast wie „ä" |

*Auch das kehlige bairische „a" ist ähnlich. In der Lautschrift steht hier ein skandinavisch inspiriertes å mit Kringel.*

## lange Selbstlaute

Folgende Vokale klingen wie im Deutschen:

| | | |
|---|---|---|
| **í** | wie in „z**ie**hen" | **híd** hiid *(Brücke)* |
| **ó** | wie in „B**oo**t" | **hó** hoo *(Schnee)* |
| **ő** | wie in „**Ö**l" | **nő** nöö *(Frau)* |
| **ú** | wie in „T**u**ch" | **új** uuj *(neu)* |
| **ű** | wie in „T**ü**r" | **fű** füü *(Gras)* |
| **á** | wie in „V**a**ter" | **láb** laab *(Bein)* |
| **é** | wie in „S**ee**" | **ég** eeg *(Himmel)* |

*Ungarische lange Vokale werden wirklich erkennbar lang ausgesprochen.*

*Die langen ó, ő, ú, ű, é werden also wie im Deutschen als geschlossene Selbstlaute gesprochen, und auch das á ist ein ganz normales „a" ohne Beimischung von „o".*

## dunkle & helle Selbstlaute

Die ungarischen Vokale werden nicht nur nach Länge und Kürze unterschieden, sondern lassen sich auch danach einteilen, ob sie hell oder dunkel sind. Die meisten Wörter enthalten nur helle oder nur dunkle Vokale. Gemischt kommen sie vor allem in Zusammensetzungen und in Fremdwörtern vor.

*Die Nachsilben passen sich aufgrund der Vokalharmonie den Vokalen des Wortstammes an, stehen also entweder in ihren hellen oder dunklen Varianten.*

| |
|---|
| dunkle Vokale: a, á, o, ó, u, ú |
| **város** waarosch *(Stadt)* |
| helle Vokale: e, é, ö, ő, i, í, ü, ű |
| **ebéd** äbeed *(Mittagessen)* |

# Wörter, die weiterhelfen

Ich weiß nicht, wie es Ihnen geht: Fahre ich in ein fremdes Land, dann fühle ich mich erst richtig wohl, wenn ich ein Wörterbuch in der Tasche und folgende Fragen und Wörter im Kopf habe:

## erste Fragen

| | | |
|---|---|---|
| **Hol van ... ?** | hol wån | Wo ist ... ? |
| **Van ... ?** | wån | Gibt es ... ? |
| **Mi ez?** | mi äs | Was ist das? |
| **Mi van?** | mi wån | Was gibt es? |
| **Mi történt?** | mi törteent | Was ist los? |
| **Miért?** | mieert | Warum? |

## Wörter zur Beruhigung

| | | |
|---|---|---|
| **kijárat** | kijaaråt | Ausgang |
| **bejárat** | bäjaaråt | Eingang |
| **női** | nööi | Frauen-WC |
| **férfi** | feerfi | Männer-WC |
| **szabad** | ßåbåd | frei, erlaubt |
| **tilos** | tilosch | verboten |
| **kérem** | keeräm | bitte |
| **köszönöm** | kößönöm | danke |
| **jó napot** | joo nåpot | guten Tag |
| **viszontlátásra** | wißontlaataaschrå | auf Wiedersehen |
| **szeretnék** | ßärätneek | ich möchte |

| | | |
|---|---|---|
| **felvilágosítás** | fälwilaagoschiitaasch | Information |
| **nyitva** | njitwå | geöffnet |
| **zárva** | saarwå | geschlossen |
| **igen – nem** | igän – näm | ja – nein |
| **bocsánat** | botschaanåt | Entschuldigung |

© 3S

Restaurant „Király", Budapest

# Hier fängt die Grammatik an

Ich stelle die Grammatik etwas ausführlicher vor. Wichtig ist, dass man neben den Wörtern auch die grundlegendsten Nachsilben kennt, denn sie sind der Schlüssel zum Verständnis. Man kann, während man die Konversationsbeispiele liest, zurückblättern und sich dieses und jenes noch einmal klar machen.

Die ungarische Grammatik ist ziemlich kompliziert. Hier sind nur die wichtigsten Regeln angegeben, damit man bestimmte Formen erkennen kann, aber nicht, um sie selber perfekt anzuwenden. Doch nur Mut, fangen Sie einfach an!

© gallas@Fotolia.com

Kathedrale und Burg von Esztergom (Gran)

Hier die Erläuterung der grammatikalischen Begriffe:

| | |
|---|---|
| Singular – Plural | Einzahl – Mehrzahl |
| Konsonant | Mitlaut (*b, c, f, x* usw.) |
| Vokal | Selbstlaut (*a, ä, e, i, o, ö, u, ü*) |
| Substantiv | Hauptwort |
| Verb | Tätigkeitswort |
| Adjektiv | Eigenschaftswort |
| Artikel | Geschlechtswort |
| Pronomen | Fürwort (*ich, du, er* usw.) |
| Adverb | Umstandswort |
| Subjekt | Satzgegenstand |
| Objekt | Satzaussage |
| Prädikat | Satzergänzung |
| Postposition | Verhältniswort |
| Suffix | Nachsilbe |
| Konjugation | Beugung |
| Infinitiv | Nennform, Grundform |
| Nominativ | Werfall |
| Genitiv | Wesfall |
| Dativ | Wemfall |
| Akkusativ | Wenfall |

*Die typisch ungarische „Postposition" ist ein nachgestelltes Verhältniswort. Die vertrauteren vorangestellten Verhältniswörter des Deutschen und anderer gängiger Sprachen sind dagegen „Präpositionen".*

# Die Artikel

Im Ungarischen gibt es kein grammatisches Geschlecht und daher auch keine Unterscheidung zwischen männlichen, weiblichen und sächlichen Artikel wie im Deutschen. Einen bestimmten Artikel an sich gibt es aber schon.

## bestimmter Artikel

Die Einheitsform lautet a å bzw. az ås.

Vor Wörtern, die mit einem Konsonanten anfangen, wird a, und vor solchen mit Vokal am Anfang wird az gebraucht. Auch in der Mehrzahl sowie bei der Fallbeugung *(dem Lehrer, der Frauen)* bleibt der Artikel unverändert.

| | |
|---|---|
| **a tér** å teer | der Platz |
| **a város** å waarosch | die Stadt |
| **a pénz** å peens | das Geld |
| **az orvos** ås orwosch | der Arzt |
| **az asszony** ås åßßonj | die Frau |
| **az ebéd** ås äbeed | das Mittagessen |

## unbestimmter Artikel

Der unbestimmte Artikel heißt egy ädj.

| | |
|---|---|
| **egy úr** ädj uur | ein Herr |
| **egy hölgy** ädj höldj | eine Dame |
| **egy könyv** ädj könjw | ein Buch |

# Das Hauptwort

Hauptwörter sind, wie schon erwähnt, geschlechtslos.

## Mehrzahl

Um die Mehrzahl zu kennzeichnen, hängt man ein -k an. Wenn am Wortende bereits ein Konsonant steht, wird noch ein Bindevokal dazwischengesetzt. Und nun wird die Sache etwas komplizierter, denn dieser Vokal kann infolge der Vokalharmonie mal ein a, mal ein o und mal ein a sein.

Also: Einsilbige dunkelvokalische Hauptwörter haben meist ein a als Bindevokal:

| | |
|---|---|
| **úr** uur | Herr, Mann |
| **urak** uräk | Herren, Männer |

*Dass bei „dunklen" Wortstämmen der Bindevokal mal ein a und mal ein o ist, geht sogar noch über die Regeln der bloßen Vokalharmonie hinaus.*

Bei zwei- oder mehrsilbigen dunkelvokalischen Hauptwörtern steht aber meist ein o.

| | |
|---|---|
| **villamos** willåmosch | Straßenbahn |
| **villamosok** willåmoschok | Straßenbahnen |

Hellvokalische Hauptwörter erhalten den Bindevokal e:

| | |
|---|---|
| **nyelv** njälw | Sprache, Zunge |
| **nyelvek** njälwäk | Sprachen, Zungen |

Endet das Hauptwort auf einen der Vokale i, o, ó, ö, ő, u, ú, ü, ű, dann braucht man nur das k hinzuzufügen:

| | |
|---|---|
| **taxi** tåkßi | Taxi |
| **taxik** tåkßik | Taxis |
| **folyó** fojoo | Fluss |
| **folyók** fojook | Flüsse |
| **kapu** kåpu | Tor |
| **kapuk** kåpuk | Tore |
| **hegedű** hägädüü | Geige |
| **hegedűk** hägädüük | Geigen |
| **heverő** häwäröö | Liege |
| **heverők** häwäröök | Liegen |

Endet das Hauptwort auf einen der Vokale a und e, dann wird dieser Vokal gelängt:

| | |
|---|---|
| **éjszaka** eejßåkå | Nacht |
| **éjszakák** eejßåkaak | Nächte |
| **kecske** kätschkä | Ziege |
| **kecskék** kätschkeek | Ziegen |

## Besitzverhältnis

Das Besitzverhältnis wird im Ungarischen durch Nachsilben ausgedrückt. Sie lauten:

| | | dunkelvokalisch | hellvokalisch |
|---|---|---|---|
| mein | **-m** | **-am, -om** | **-em, -öm** |
| dein | **-d** | **-ad, -od** | **-ed, -öd** |
| sein / ihr | **-ja, -je** | **-(j)a** | **-(j)e** |
| unser | **-nk** | **-unk** | **-ünk** |
| euer | **-tok,-tek,-tök** | **-atok, -otok** | **-etek, -ötök** |
| ihr *(Mz)* | **-juk, -jük** | **-(j)uk** | **-(j)ük** |

Die Nachsilbe wählt man gemäß der Vokalharmonie. Ob es -am oder -om heißt, wird wieder ähnlich geregelt wie bei den Mehrzahlendungen. Aber keine Sorge: Als Anfänger wird man mit beiden Varianten gut verstanden.

Wörter, die auf einen Vokal enden, erhalten wieder keinen Bindevokal, z. B. autó – autóm *(mein Auto)*. Wenn der letzte Vokal -a oder -e ist, wird er wie für die Mehrzahl gelängt.

Der Übergangslaut -j- in der 3. Person Einzahl und Mehrzahl dient der leichteren Aussprache. Dieser betrifft hauptsächlich Wörter, die auf einen Vokal enden:

| | |
|---|---|
| **táska** | **táskája** |
| taaschkå | taaschkaajå |
| Tasche | seine / ihre Tasche |

| | |
|---|---|
| **kefe** | **keféje** |
| käfä | käfeejä |
| Bürste | ihre / seine Bürste |

Bei konsonantisch auslautenden Wörtern ist das Einfügen des -j- eher die Ausnahme. Hier nun einige der wichtigen Ausnahmen:

| | |
|---|---|
| **anya** ånjå – **anyja** ånjjå | seine / ihre Mutter |
| **apa** åpå – **apja** åpjå | sein / ihr Vater |
| **család** tschålaad – **családja** tschålaadjå | seine / ihre Familie |
| **Forint** forint – **Forintja** forintjå | sein / ihr Forint |
| **kabát** kåbaat – **kabátja** kåbaatjå | sein / ihr Mantel |
| **bőrönd** böörönd – **bőröndje** bööröndjä | sein / ihr Koffer |
| **ebéd** äbeed – **ebédje** äbeedjä | sein / ihr Mittagesse |

# Die Fälle

## Akkusativ (Wenfall)

Das Akkusativobjekt trägt das Kennzeichen -t. Dieses -t kann mit oder ohne Bindevokal angeschlossen werden; die Wahl des Bindevokals hängt wiederum von der Vokalharmonie ab. Als kleine Hilfe: Es wird immer diejenige Variante bevorzugt, bei der man das -t besser hören kann. Zum Beispiel:

| | |
|---|---|
| **utazás** | **jó utazást** |
| utåsaasch | joo utåsaascht |
| Reise | gute Reise |
| **nap** | **jó napot** |
| nåp | joo nåpot |
| Tag | guten Tag |
| **egészség** | **jó egészséget** |
| ägeeßscheeg | joo ägeeßscheegät |
| Gesundheit | gute Gesundheit |

*All dies steht im Akkusativ, weil man ja das Verb ergänzen kann. „wünsche ich". Im Ungarischen sagt man dies auch öfter tatsächlich noch dazu* (... kívánok).

| | |
|---|---|
| **este** aschtä | **jó estét** joo äschteet |
| Abend | guten Abend |
| **éjszaka** eejßåkå | **jó éjszakát** joo eejßåkaat |
| Nacht | gute Nacht |

*Endet das Wort auf* a *oder* e, *wird dieser Vokal wiederum gelängt.*

## Dativ (Wemfall)

Der Dativ wird durch die Nachsilbe -nak / -nek ausgedrückt. Im folgenden Beispiel benutze ich das Verb adni *(geben)* in der 1. Person (adom) und in der 2. Person (adod):

**Kinek adod a könyvet?**
kiinäk ådod å könjwät
*wer(Dat.) gibst(-du)(best.) das Buch(Akk.)*
Wem gibst du das Buch?

**A könyvet a barátnak adom.**
å könjwät å båraatnåk ådom
*das Buch(Akk.) der Freund(Dat.) gebe(-ich)(best.)*
Dem Freund gebe ich das Buch.

# Persönliche Fürwörter

Die persönlichen Fürwörter werden genauso gebraucht, wie man es aus dem Deutschen kennt. Der Wemfall wird zusätzlich für bestimmte Satzkonstruktionen verwendet.

| 1. Fall (Nominativ) | | 3. Fall (Dativ) | | 4. Fall (Akkusativ) | |
|---|---|---|---|---|---|
| **ki?** | wer? | **kinek?** | wem? | **kit?** | wen? |
| **én** | ich | **nekem** | mir | **engem** | mich |
| **te** | du | **neked** | dir | **téged** | dich |
| **ő** | er, sie, es | **neki** | ihm, ihr | **őt** | ihn, sie, es |
| **ön*** | Sie | **önnek*** | Ihnen | **önt*** | Sie |
| **mi** | wir | **nekünk** | uns | **minket** | uns |
| **ti** | ihr | **nektek** | euch | **titeket** | euch |
| **ők** | sie | **nekik** | ihnen | **őket** | sie |
| **önök*** | Sie | **önöknek*** | Ihnen | **önöket*** | Sie |

**Höflichkeitsform*

**das Suffix -lak / -lek**

Eine Sonderform der 1. Person Einzahl der unbestimmten Konjugation ist -lak / -lek. Sie drückt die Beziehung *ich – dich / euch* aus:

| | |
|---|---|
| **lát – látlak**<br>laatlåk | ich sehe dich / euch |
| **szeret – szeretlek**<br>ßärätläk | ich liebe dich |
| **megpuszil – megpuszillak**<br>mägpußillåk | ich küsse dich |
| **vár – várlak**<br>waarlåk | ich erwarte dich / euch |

# Hilfsverben

Damit Sie mit den eben gelernten Fürwörtern kleine Sätze bilden können, müssen Sie schnell noch die Formen der Hilfsverben „sein“ und „haben“ dazulernen.

## *lenni* (sein)

| | | |
|---|---|---|
| **én vagyok** | een wådjok | ich bin |
| **te vagy** | tä wådj | du bist |
| **ő van** | öö wån | er / sie / es ist |
| **ön van** | ön wån | Sie sind *(Ez)* |
| **mi vagyunk** | mi wådjunk | wir sind |
| **ti vagytok** | ti wådjtok | ihr seid |
| **ők vannak** | öök wånnåk | sie sind |
| **önok vannak** | önök wånnåk | Sie sind *(Mz)* |

*Achtung: In der 3. Person (Einzahl und Mehrzahl) entfällt das Verb „ist / sind“, wenn eine Feststellung über die Eigenschaft oder die Zuordnung („X ist ein Y“) einer Person oder Sache getroffen wird. Es muss aber benutzt werden, wenn die Bedeutung „es gibt“ oder „X existiert“ gemeint ist.*

**Ő egy német lány.**
öö ädj neemät laanj
*sie ein deutsch Mädchen*
Sie ist ein deutsches Mädchen.

## haben

Im Ungarischen gibt es kein Verb, das dem deutschen „haben“ entspricht. Man kann also nicht 1:1 übersetzen. Stattdessen muss man eine bestimmte Satzkonstruktion benutzen.

Dazu braucht man den ungarischen Dativ (-nak, -nek), die besitzanzeigenden Nachsilben -m, -d, -ja usw., und anstelle eines Verbs „haben" das Verb lenni *(sein)*, das am Satzende steht. Das sieht dann so aus:

*Die ungarische Konstruktion entspricht etwa folgender: „dem Peter sein Auto gibt es".*

**Péternek autója van.**
peetärnäk åutoojå wån
*Peter(-Dat) Auto-sein ist(-es)*
Peter hat ein Auto.

Mit persönlichen Fürwörtern (auch im Wemfall gebeugt) sieht das dann so aus:

**Nekem lakásom van.**
näkäm låkaaschom wån
*mir Wohnung-mein ist(-sie)*
Ich habe eine Wohnung.

**Neki szobája van.**
näki ßobaajå wån
*ihm/ihr Zimmer-sein/-ihr ist(-es)*
Er / Sie hat ein Zimmer.

*Das persönliche Fürwort kann man aber auch weglassen.*

**Autód van.**
åutood wån
*Auto-dein ist(-es)*
Du hast ein Auto.

## Verneinung von „sein" (& „haben")

Die Ungarn verneinen einen Satz, in dem lenni *(sein)* steht, mit nincs oder nincsen. Dies entspricht den deutschen Verneinungsformen „ist nicht“, „ist kein(e)“ oder „gibt es nicht“.

**Van itt szabad hely?**
wån itt ßåbåd häj
*ist(-er) hier frei Platz*
Gibt es hier einen freien Platz?

**Nincs. / Nincsen.**
nintsch / nintschän
*nicht-ist(-er)*
Nein, gibt es nicht.

**Van ott szabad hely?**
wån ott ßåbåd häj
*ist(-er) dort frei Platz*
Gibt es dort einen freien Platz?

**Ott sincs / sincsen.**
ott schintsch / schintschän
*dort nicht-ist(-er)*
Nein, dort auch nicht.

## Wendungen mit „sein“ (& „haben“)

**Éhes vagyok.**
eehäsch wådjok
*hungrig bin(-ich)*
Ich bin hungrig.

**Neked igazad van.**
näkäd igåsåd wån
*dir Recht-dein ist(-es)*
Du hast Recht.

**Nem vagyok szomjas.**
näm wådjok ßomjåsch
*nicht bin(-ich) durstig*
Ich bin nicht durstig.

**Neki nincs láza.**
näki nintsch laaså
*ihm/ihr nicht-ist(-es) Fieber-sein/ihr*
Er / Sie hat kein Fieber.

# Wortstellung

Die Wortstellung ist im Ungarischen weniger fest geregelt als im Deutschen, allerdings ist sie auch nicht ohne. Einfache Sätze bestehen aus Subjekt (Satzgegenstand) und Prädikat (Satzaussage); das Verb steht am Ende des Aussagesatzes. Die übrigen Satzglieder stehen zwischen Subjekt und Prädikat. Was besonders betont wird, steht direkt vor dem Verb.

*Besonders betont wird meist die jeweils neue Information im Satz (z. B. Fragewörter und deren konkrete Beantwortungen).*

**(Én) német vagyok.**
(een) neemät wådjok
*(ich) Deutsche(r) bin(-ich)*
Ich bin Deutsche / Deutscher.

*Das Fürwort „ich"* (én) *muss man nicht mitsprechen.*

**(Én) most haza megyek.**
(een) moscht håså mädjäk
*(ich) jetzt heim gehe(ich)*
Ich gehe jetzt nach Hause.

*Die Wortstellung im Fragesatz ist wie bei uns: Fragewort + Prädikat + Subjekt.*

Antwortet man auf eine Frage, steht das Erfragte an derselben Stelle wie das Fragewort:

*Frage:* **Hol van a pályaudvar?**
hol wån å paajåudwår
Wo ist der Bahnhof?

*Antwort:* **A pályaudvar közel van.**
å paajåudwår kösäl wån
*der Bahnhof nah ist(-er)*
Der Bahnhof ist in der Nähe.

# Eigenschaftswörter

Die Ungarn lieben es, ihre Sätze mit Eigenschaftswörtern auszuschmücken. Sie gebrauchen diese Wörter so häufig, da sie gerne farbig und bildhaft erzählen und auch gern Komplimente machen. Für deutsche Ohren klingen manche Eigenschaftswörter befremdlich, da sie bei uns nicht im täglichen Gebrauch sind. Man sollte sie dennoch benutzen, denn so kann man fehlende Sprachkenntnisse wunderbar ausgleichen.

| | |
|---|---|
| **jaj de ...** | *wörtl.: o, aber ...* |
| **jaj de jó** jåj dä joo | o wie gut |
| **jaj de fantasztikus**<br>jåj dä fåntåßtikusch | o wie fantastisch |
| **jaj de csodálatos**<br>jåj dä tschodaalåtosch | o wie wunderbar |
| **jaj de szép**<br>jåj dä ßeep | o wie schön |
| **jaj de édes**<br>jåj dä eedäsch | o wie süß |
| **jaj de drága**<br>jåj dä draagå | o wie teuer |

*Wenn Ihnen etwas gefällt, sollten Sie das auch unbedingt sagen, z. B. durch nebenstehende Ausrufe.*

*im übertragenen Sinn*

Das wichtigste dieser Eigenschaftswörter ist sicherlich édes *(süß)*, was aber tatsächlich wie „sehr nett / schön / lieb“ gebraucht wird. Édes sagt der Mann zur Frau und umgekehrt. Édes ist auch die nette Verkäuferin, alles was gefällt, und die Kinder sind es sowieso.

**Édes vagy.**
eedäsch wådj
*süß bist(-du)*
Du bist süß.

Auch als Anrede ist édes *(Süße/r)* bzw. édesem *(mein/e Süße/r)* sehr weit verbreitet.

Das Eigenschaftswort als Beifügung bzw. Begleiter (Attribut) steht wie im Deutschen vor dem Bezugswort und bleibt immer unverändert.

*Nur wenn das Eigenschaftswort als Ergänzung der Satzaussage mit „sein“ (prädikativisch) gebraucht wird, bildet es auch eine Mehrzahlform.*

| | |
|---|---|
| **szép idő**<br>ßeep idöö | schönes Wetter |
| **szép kilátás**<br>ßeep kilaataasch | schöne Aussicht |
| **szép film**<br>ßeep film | schöner Film |
| **kedves vendég**<br>kädwäsch wändeeg | lieber Gast |
| **kedves gyerek**<br>kädwäsch djäräk | liebes Kind |
| **kedves nő**<br>kädwäsch nöö | liebe Frau |

**einige wichtige Eigenschaftswörter**

| | | | |
|---|---|---|---|
| **jó**<br>joo | gut | **rossz**<br>roßß | schlecht |
| **helyes**<br>häjäsch | richtig | **téves**<br>teewäsch | falsch |

| | | | |
|---|---|---|---|
| **nagy**<br>nådj | groß | **kicsi**<br>kitschi | klein |
| **széles**<br>ßeeläsch | breit | **keskeny**<br>käschkänj | eng |
| **szép**<br>ßeep | schön | **csúnya**<br>tschuunjå | hässlich |
| **könnyű**<br>könjnjüü | leicht | **nehéz**<br>nähees | schwer, schwierig |
| **gyors**<br>djorsch | schnell | **lassú**<br>låschschuu | langsam |
| **hideg**<br>hidäg | kalt | **meleg**<br>mäläg | warm |
| **tele**<br>tälä | voll | **üres**<br>üräsch | leer |
| **fiatal**<br>fiåtål | jung | **öreg**<br>öräg | alt |
| **olcsó**<br>oltschoo | billig | **drága**<br>draagå | teuer |

Wichtige Eigenschaftswörter, die man gebrauchen sollte, wenn man sein Wohlgefallen ausdrücken möchte:

| | |
|---|---|
| **drága** draagå | lieb und teuer |
| **aranyos** årånjosch | goldig |
| **tündéri** tündeeri | feenhaft |
| **csodálatos** tschodaalåtosch | wunderbar |
| **fantasztikus** fåntåßtikusch | fantastisch |

*Die Ungarn umgehen gerne negative Eigenschaften und heben lieber die Positiven hervor. So ist z. B. das schlechte Theaterstück auf jeden Fall* érdekes *(interessant). Und das hässliche Mädchen ist auf jeden Fall* kedves *(nett, lieb).*

**bomba jó**
*Bombe gut*
bombig

**marha jó**
*Vieh gut*
sehr gut

## Farben

| | | | |
|---|---|---|---|
| **piros**<br>pirosch | rot | **fekete**<br>fäkätä | schwarz |
| **zöld**<br>söld | grün | **szürke**<br>ßürkä | grau |
| **fehér**<br>fäheer | weiß | **ezüst**<br>äsüscht | Silber |
| **barna**<br>bårnå | braun | **arany**<br>årånj | Gold |
| **narancs**<br>nåråntsch | orange | **világos**<br>wilaagosch | hell |
| **kék**<br>keek | blau | **sötét**<br>schöteet | dunkel |
| **sárga**<br>schaargå | gelb | | |

## Mehrzahl der Eigenschaftswörter

*Die Eigenschaftswörter bilden also genau dort eine abweichende Form, wo sie im Deutschen unverändert bleiben!*

Sind die Eigenschaftswörter Ergänzung einer Satzaussage (Prädikat), haben sie auch eine Mehrzahlform:

**A hely szabad.**
å häj ßåbåd
*der Platz frei*
Der Platz ist frei.

**A helyek szabadok.**
å häjäk ßåbådok
*die Plätze freie*
Die Plätze sind frei.

**Az utca hangos.**
ås utzå hångosch
*die Straße laut*
Die Straße ist laut.

**Az utcák hangosak.**
ås utzaak hångoschåk
*die Straßen laute*
Die Straßen sind laut.

| Einzahl | Mehrzahl | |
|---|---|---|
| **jó** | **jók** jook | gut |
| **rossz** | **rosszak** roßßåk | schlecht |
| **szabad** | **szabadok** ßåbådok | frei |
| **idegen** | **idegenek** idägänäk | fremd |
| **furcsa** | **furcsák** furtschaak | merkwürdig, komisch |

*Das Merhzahlzeichen ist* -k.

Wie schon erwähnt, benötigt man in der 3. Person (Einzahl und Mehrzahl) nicht das Verb lenni *(sein)*, wenn man etwas bzw jemand prädikativisch beschreibt:

**A lány szép.**
å laanj ßeep
*das Mädchen schön*
Das Mädchen ist schön.

**A lányok szépek.**
å laanjok ßeepäk
*die Mädchen schöne*
Die Mädchen sind schön.

**A kép érdekes.**
å keep eerdäkäsch
*das Bild interessant*
Das Bild ist interessant.

**A képek érdekesek.**
å keepäk eerdäkäschäk
*die Bilder interessante*
Die Bilder sind interessant.

## Steigerung der Eigenschaftswörter

1. Steigerungsstufe (Komparativ):
Eigenschaftswort + -bb:

| | |
|---|---|
| **forró – forróbb** forroo(bb) | heiß – heißer |
| **szabad – szabadabb** ßåbåd(åbb) | frei – freier |

2. Steigerungsstufe (Superlativ):
Vorsilbe leg- + Eigenschaftswort + -bb

| | | |
|---|---|---|
| **legforróbb** | lägforroobb | am heißesten |
| **legszabadabb** | lägßåbådåbb | am freiesten |

| | | | |
|---|---|---|---|
| | **szép** ßeep | **szebb** ßäbb | **legszebb** lägßäbb |
| *Leichte Ausnahme:* | schön | schöner | am schönsten |

## Vergleichen

Die Vergleichskonstruktion ist ähnlich wie im Deutschen. Man benutzt bei Gleichheit olyan mint ojån mint *(so wie)* und bei Unterschiedlichkeit die 2. Steigerungsstufe (Komparativ) des Eigenschaftswortes sowie mint *(wie / als)*:

**(Te) olyan szép vagy mint egy rózsa.**
(tä) ojån ßeep wådj mint ädj rooshå
*(du) so schön bist(-du) wie eine Rose*
Du bist so schön wie eine Rose.

**(Te) szebb vagy mint egy rózsa.**
(tä) ßäbb wådj mint ädj rooshå
*(du) schöner bist(-du) wie eine Rose*
Du bist schöner als eine Rose.

## Eigenschaftswörter mit der Endung *-i*

Mit der Nachsilbe -i kann man aus Hauptwörtern Eigenschaftswörter ableiten. Im Deutschen entsprechen dieser Endung verschiedene Nachsilben, so etwa *-er, -lich, -isch.*

| | |
|---|---|
| **Budapest** | **budapesti** *(Budapester)* |
| **ember** *(Mensch)* | **emberi** *(menschlich)* |
| **állat** *(Tier)* | **állati** *(tierisch)* |

## Umstandswörter (Adverbien)

Diese werden am häufigsten mit Hilfe der Endung -n, -an, -en (lautliche Varianten) gebildet.

| | |
|---|---|
| **szép** ßeep – **szépen** ßeepän | schön |
| **gyors** djorsch – **gyorsan** djorschån | schnell |

köszönöm szépen = *danke schön*

**Nagyon gyorsan csinálod.**
nådjon djorschån tschinaalod
*sehr schnell(Umst.) machst(-du)(best.)*
Du machst es sehr schnell.

Daneben gibt es noch die Nachsilbe -ul, -ül, -l:

| | |
|---|---|
| **rossz** roßß – **rosszul** roßßul | schlecht |

**Rosszul vagyok.**
roßßul wådjok
*schlecht(Umst.) bin(-ich)*
Mir ist schlecht.

| | |
|---|---|
| **jó** joo – **jól** jool | gut |

**Jól vagyok.**
jool wådjok
*gut(Umst.) bin(-ich)*
Mir geht es gut.

# Dieses & Jenes

Die hinweisenden Fürwörter gehen immer dem Hauptwort voraus, aber anders als im Deutschen steht dabei noch zusätzlich der bestimmte Artikel (direkt vor dem Hauptwort):

*Anders als die Eigenschaftswörter haben die hinweisende Fürwörter auch als Begleiter ihres Bezugs-Hauptwortes (Attribut) eine Mehrzahlform, vorausgesetzt natürlich, dass das Hauptwort selbst im Plural steht.*

| Einzahl | | Mehrzahl | |
|---|---|---|---|
| **ez** | dieser, diese, dieses | **ezek** | diese |
| **az** | jener, jene, jenes | **azok** | jene |

**ez a lány** äs å laanj
dieses Mädchen

**az a fiú** ås å fiuu
jener Junge

**ezek a gyerekek**
äsäk å djäräkäk
diese Kinder

**azok az emberek**
åsok ås ämbäräk
jene Leute

Es ist wichtig zu wissen, dass ez und az nicht nur die Mehrzahlendung des Hauptwortes, das sie begleiten, wiederaufgreifen, sondern auch dessen Fall-Endungen. Für unsere Zwecke ist das vor allem beim Wenfall (Akkusativ) von Bedeutung. Somit bekommt jedesmal, wenn man an das Hauptwort das -t des Akkusativs anhängt, auch ez bzw. az ein -t.

**Ezt a szőlőt kérem.**
äst å ßöölööt keeräm
*diese(Akk.) die Traube(Akk.) bitte(-ich)(best.)*
Diese Traube möchte ich.

Natürlich erhalten ez *(dies)* und az *(jenes)* auch dann die entsprechende Fall- und gegebenenfalls Mehrzahlendung, wenn im Satz gar kein Hauptwort vorkommt, die hinweisenden Fürwörter also deren Position einnehmen:

**Ezt kérem.**
äst keeräm
*dies(Akk.) bitte(-ich)(best.)*
Dies möchte ich.

© gallas@Fotolia.com

Zahnradbahn auf den Burgberg von Buda

## Hier & Dort

Itt *(hier)* und ott *(dort)* kommen häufig zusammen mit van *(ist)* vor, besonders wenn man hol van? *(wo ist?)* fragt.

| | |
|---|---|
| **Itt van.** | Hier ist es. |
| **Ott hátul van.** | Dort hinten ist es. |

# Verben & Zeiten

Da die Verben in den meisten Sprachen ein vertracktes Thema sind, möchte ich Ihnen nun einige Tipps geben, wie Sie sich ohne viel Mühe verständlich machen können. Kennen Sie die Beugung eines Verbs nicht, benutzen Sie ruhig dessen Nennform (Infinitiv) - auch wenn das ähnlich „schräg“ klingt wie im Deutschen, wird man dennoch verstanden. Man bildet den Infinitiv, indem man an den Verbstamm die Nachsilbe -ni anfügt:

| | | | |
|---|---|---|---|
| **áll** aall | steht | **állni** aallni | stehen |
| **ül** ül | sitzt | **ülni** ülni | sitzen |

Merken Sie sich folgende drei Wörter, die den deutschen Modalverben entsprechen und nicht gebeugt werden:

| | | |
|---|---|---|
| **szabad** | ßåbåd | dürfen |
| **lehet** | lähät | können, möglich sein |
| **kell** | käll | müssen, sollen |

Fügt man das Verb im Infinitiv hinzu, hat man einen völlig korrekten Zwei-Wort-Satz!

*Übersetzt entspricht das unserer „man“-Form..*

**Szabad dohányozni?**
ßåbåd dohaanjosni
*darf rauchen*
Darf man rauchen?

**Kell fizetni?**
käll fisätni
*muss zahlen*
Muss man zahlen?

**Lehet enni?**
lähät änni
*kann essen*
Kann man essen?

Will man doch noch ein persönliches Fürwort hinzunehmen, verlangt diese Konstruktion das persönliche Fürwort im Wemfall (Dativ):

**Nekem kell fizetni?**
näkäm käll fisätni
*mir muss zahlen*
Muss ich zahlen?

**Neked szabad utazni?**
näkäd ßåbåd utåsni
*dir darf reisen*
Darfst du reisen?

**Neki lehet választani.**
näki lähät waalåßtåni
*ihm/ihr kann wählen*
Er / Sie kann wählen.

**Önnek szabad leülni.***
önnäk ßåbåd läülni
*ihnen darf sich-setzen*
Sie dürfen sich setzen.

**Nekünk kell menni.**
näkünk käll männi
*uns muss gehen*
Wir müssen gehen.

**Nektek szabad inni.**
näktäk ßåbåd inni
*euch darf trinken*
Ihr dürft trinken.

**Nekik lehet épiteni.**
näkik lähät eepitäni
*ihnen kann bauen*
Sie können bauen.

**Önöknek szabad jönni.** *Höflichkeitsform!*
önöknäk ßåbåd jönni
*Ihnen darf kommen*
Sie dürfen kommen.

## Beugung (Konjugation)

Im Ungarischen unterscheidet man drei Klassen von Verben, die jeweils andere Endungen aufweisen und somit nach einem eigenen Schema gebeugt werden.

Zusätzlich gibt es noch unregelmäßige Verben, die zumeist wichtig sind und auswendig gelernt werden müssen.

In jeder Gruppe gibt es dunkel- und hellvokalische Verben, d. h. man muss wieder den Bindevokal vor der Endung entsprechen dem Wortstamm auswählen.

*Dies sind nun keine Konjugationsklassen im Sinne der genannten drei Beugungsschemata für verschiedene Verben, sondern es sind eher Beugungskategorien eines einzigen Verbs wie z. B. auch die Zeiten.*

Die Beugung der Verben wird noch komplizierter dadurch, dass es zwei Beugungsserien gibt, die *bestimmte* und die *unbestimmte Konjugation*.

Sollten Sie keine Lust haben, beide Konjugationsformen zu lernen, empfehle ich Ihnen die unbestimmte Konjugation der regelmäßigen Verben zu lernen. Sie werden damit auf jeden Fall verstanden. Übrigens verwechseln auch die Ungarn mitunter die beiden Beugungsformen.

*Aus diesem Grund ist es auch nicht sinnvoll, den ungarischen Infinitiv auf deutsch eine „Grundform" zu nennen – dies ist ganz klar der Verbstamm!*

Die Nennform (Infinitiv) der Verben besteht aus dem Verbstamm und der Endung -ni. Dies ist im Ungarischen aber nicht die Wörterbuchform. Dort steht immer der bloße Verbstamm, der auch gleichzeitig der 3. Person Einzahl *(er, sie, es)* in der Gegenwart entspricht. Das ist sehr praktisch, denn schlägt man ein Verb im Wörterbuch nach, kann man an der 3. Person Einzahl ablesen, zu welcher Verbklasse es gehört:

| | | |
|---|---|---|
| regelmäßiges Verb: | **olvas** olwåsch | er / sie liest |
| -ik-Verb: | **dolgozik** dolgosik | er / sie arbeitet |
| -sz-Verb: | **vesz** weß | er / sie nimmt / kauft |

Ist ein Verb allerdings unregelmäßig, kann man das nicht so leicht erkennen. Ich habe deshalb auch die Beugung der drei wichtigsten unregelmäßigen Verben aufgelistet. Die Beugung von menni *(gehen)* und jönni *(kommen)* finden Sie an späterer Stelle in diesem Kapitel, die von lenni *(sein)* kennen Sie bereits aus dem Kapitel *Hilfsverben*. F

## unbestimmte Konjugation der Gegenwart

Hier geht es zunächst um die regelmäß9gen Verben. Die unbestimmte Konjugation ist sozusagen der Normalfall. Beachten Sie bei der Wahl der Endung die Vokalharmonie (dunkles Verb – dunkle Endung, helles Verb – helle Endung). Zur besseren Lernbarkeit habe ich in der Tabelle die Personalendungen auch noch einmal abgetrennt aufgelistet:

| | **dunkelvokalisch** | | **hellvokalisch** | |
|---|---|---|---|---|
| | **tudni** *(wissen)* | **Endung** | **kérni** *(bitten)* | **Endung** |
| **én** | **tudok** | **-ok** | **kérek** | **-ek** |
| **te** | **tudsz** | **-sz** | **kérsz** | **-sz** |
| **ő / ön** | **tud** | **–** | **kér** | **–** |
| **mi** | **tudunk** | **-unk** | **kérünk** | **-ünk** |
| **ti** | **tudtok** | **-tok** | **kértek** | **-tek** |
| **ők / önök** | **tudnak** | **-nak** | **kérnek** | **-nek** |

**Kérsz almát?**
keerß aalmaat
*bittest(-du) Apfel(-Akk.)*
Möchtest du einen Apfel?

## bestimmte Konjugation

Die bestimmte Beugung ist eine Eigenart der ungarischen Sprache. Man muss sie benutzen, wenn die Satzergänzung (d. h. das Akkusativobjekt) bestimmt ist. Sobald man also etwas mit einem ganz bestimmten Ding tut, sozusagen mit dem Finger darauf zeigen kann, muss man die bestimmte Beugung benutzen. Man kann „bestimmte" Dinge sprachlich meist am Gebrauch des bestimmten Artikels a(z) erkennen, und ganz besonders an den hinweisenden Fürwörtern ez und az. Hier folgt nun die Tabelle der Formen und Endungen:

| | **dunkelvokalisch** | | **hellvokalisch** | |
|---|---|---|---|---|
| | **tudni** *(wissen)* | **Endung** | **kérni** *(bitten)* | **Endung** |
| **én** | **tudom** | **-om** | **kérem** | **-em** |
| **te** | **tudod** | **-od** | **kéred** | **-ed** |
| **ő / ön** | **tudja** | **-ja** | **kéri** | **-i** |
| **mi** | **tudjuk** | **-juk** | **kérjük** | **-jük** |
| **ti** | **tudjátok** | **-játok** | **kéritek** | **-itek** |
| **ők / önök** | **tudják** | **-ják** | **kérik** | **-ik** |

**Kéred (ezt) az almát?**
keeräd (äst) ås ålmaat
*bittest(-du)(best.) (diesen(-Akk.)) der Apfel(-Akk.)*
Möchtest du den (/ diesen) Apfel?

Verben, deren Stamm auf einen Zischlaut (s, sz, z) auslautet, haben kein Element -j- in den Personalendungen, sondern längen (verdoppeln) den Zischlaut:

**olvas + -ja = olvassa** olwåschschå *(er / sie liest)*

## die *-ik*-Verben

Die Verben dieser Gruppe haben in der (unbestimmten) 3. Person Einzahl die Endung -ik als Erkennungszeichen. Die Endung der 1. Person Einzahl enthält ein m, und in der 2. Person Einzahl haben die Verben, die auf Zischlaut (s, z, sz) enden, die Endung -l.

### unbestimmte Konjugation

*Diese Verben kommen ganz überwiegend in der unbestimmten Beugung vor, deshalb lasse ich die bestimmte Beugung, die es auch gibt, hier weg.*

| **dolgozni** *(arbeiten)* | |
|---|---|
| **én** | **dolgozom** |
| **te** | **dolgozol** |
| **ő / ön** | **dolgozik** |
| **mi** | **dolgozunk** |
| **ti** | **dolgoztok** |
| **ők / önök** | **dolgoznak** |

## die -sz-Verben

In diese Gruppe gehören sieben Verben, die man oft benötigt. Sie haben einen Wortstamm, der nur aus einem oder zwei Buchstaben besteht. Daher erweitern sie den Wortstamm für die Gegenwartsformen durch -sz:

| Nennform (Infinitiv) | Stamm | 3. Person Ez |
|---|---|---|
| **tenni** *(tun)* | **te-** | **tesz** |
| **lenni** *(sein, werden)* | **le-** | **lesz** |
| **venni** *(nehmen, kaufen)* | **ve-** | **vesz** |

| | | | |
|---|---|---|---|
| **hinni** | glauben, denken | **hi-** | **hisz** |
| **vinni** | tragen, bringen | **vi-** | **visz** |
| **enni** | essen | **e-** | **eszik** |
| **inni** | trinken | **i-** | **iszik** |

## unbestimmte Konjugation

| **venni** *(nehmen, kaufen)* | |
|---|---|
| **én** | **veszek** |
| **te** | **veszel** |
| **ő / ön** | **vesz** |
| **mi** | **veszünk** |
| **ti** | **vesztek** |
| **ők / önök** | **vesznek** |

## bestimmte Konjugation

**Én ezt a bort veszem.**
een äst å bort wäßäm
*ich dies(-Akk.) der Wein(-Akk.) kaufe(-ich)(best.)*
Ich kaufe diesen Wein.

| | |
|---|---|
| **én** | **veszem** |
| **te** | **veszed** |
| **ő / ön** | **veszi** |
| **mi** | **vesszük** |
| **ti** | **veszitek** |
| **ők / önök** | **veszik** |

## *enni & inni*

Hier die vollständige Beugung von enni *(essen)* und inni *(trinken)*, welche beide Ausnahmen darstellen. Sie erhalten in der 3. Person die Endung -ik, und inni gilt als dunkelvokalisch:

### unbestimmte Konjugation

| | enni *(essen)* | inni *(trinken)* |
|---|---|---|
| én | eszem | iszom |
| te | eszel | iszol |
| ő / ön | eszik | iszik |
| mi | eszünk | iszunk |
| ti | esztek | isztok |
| ők / önök | esznek | isznak |

### bestimmte Konjugation

| | | |
|---|---|---|
| én | ezt eszem | iszom |
| te | ezt eszed | iszod |
| ő / ön | ezt eszi | issza |
| mi | ezt esszük | isszuk |
| ti | ezt eszitek | isszátok |
| ők / önök | ezt eszik | isszák |

### wichtige unregelmäßige Verben

Es gibt drei wichtige unregelmäßige Verben, die man oft benötigt: lenni *(sein)*, menni *(gehen)* und jönni *(kommen)*. Ihre Beugung ist völlig unregelmäßig, so dass man sie nur auswendig lernen kann oder sie sich beim Sprechen einprägt.

| | **menni** *(gehen)* | **jönni** *(kommen)* |
|---|---|---|
| **én** | **megyek** mädjäk | **jövök** jöwök |
| **te** | **mész** meeß | **jössz** jößß |
| **ő / ön** | **megy** mädj | **jön** jön |
| **mi** | **megyünk** mädjünk | **jövünk** jöwünk |
| **ti** | **mentek** mäntäk | **jöttök** jöttök |
| **ők / önök** | **mennek** männäk | **jönnek** jönnäk |

## Vergangenheit

Im Ungarischen gibt es nur eine Bildeweise der Vergangenheit. Endet der Verbstamm auf einen Konsonanten, ist das Zeichen für die Vergangenheit -t. Endet er auf einen Vokal, ist das Zeichen der Vergangenheit ein gelängtes -tt. Daran tritt dann noch jeweils die Personalendung der Vergangenheit.

| | | | |
|---|---|---|---|
| ich | **-m, -ám, -em** | wir | **-unk, -ünk** |
| du | **-ál, -él** | ihr | **-atok, -etek** |
| er | **-** | sie | **-ak, -ek** |

Hier nun Beispiele für die unbestimmte Beugung der drei Verbklassen (regelmäßigeVerben, *-ik*-Verben und *-sz*-Verben):

| **Gegenwart** | | **Vergangenheit** | |
|---|---|---|---|
| **akarok** | ich will | **akartam** | ich wollte |
| **akar** | er will | **akart** | er wollte |
| **dolgozom** | ich arbeite | **dolgoztam** | ich arbeitete |
| **dolgozik** | er arbeitet | **dolgozott** | er arbeitete |
| **veszek** | ich nehme | **vettem** | ich nahm |
| **vesz** | er nimmt | **vett** | er nahm |

| Gegenwart | | Vergangenheit | |
|---|---|---|---|
| **eszem** | ich esse | **ettem** | ich aß |
| **eszik** | er isst | **evett** | er aß |
| **iszom** | ich trinke | **ittam** | ich trank |
| **iszik** | er trinkt | **ivott** | er trank |

*Hier nun Beispiele von unregelmäßigen Verben.*

| **lenni** *(sein)* | | | |
|---|---|---|---|
| **voltam** | ich war | **voltunk** | wir waren |
| **voltál** | du warst | **voltatok** | ihr wart |
| **volt** | er war | **voltak** | sie waren |

## Zukunft

Zur Bildung der Zukunftsformen braucht man:
- die persönlichen Fürwörter
- die personengebeugten Formen von fog *(werden)*, einem regelmäßigen Verb
- sowie das bedeutungstragende Verb in seiner Nennform (Infinitiv).

| **vásárolni** *(einkaufen)* | |
|---|---|
| **én fogok vásárolni** | ich werde einkaufen |
| **te fogsz vásárolni** | du wirst einkaufen |
| **ő fog vásárolni** | er / sie wird einkaufen |
| **mi fogunk vásárolni** | wir werden einkaufen |
| **ti fogtok vásárolni** | ihr werdet einkaufen |
| **ők fognak vásárolni** | sie werden einkaufen |

# Fragen

**B**ei Fragesätzen, die man mit *ja* oder *nein* beantworten kann, ist die Wortstellung die des Aussagesatzes. Das wichtigste (d. h. erfragte) Wort steht dabei unmittelbar vor dem Verb, zumeist am Satzanfang. Erkennen kann man eine Frage an der typischen Tonkontur. Diese geht in der unterstrichenen Silbe nach oben:

*Im Deutschen steigt die Intonation zum Satzende an, im Ungarischen aber in der vorletzten Silbe, und sie fällt dann in der letzten wieder deutlich ab.*

| | |
|---|---|
| **deutsche Melodie** | Bist du <u>krank</u>? |
| **ungarische Melodie** *(ab drei Silben)* | **Bet<u>eg</u> vagy?**<br>bät<u>ä</u>g wådj<br>*krank bist(-du)* |

Beginnt der Fragesatz mit einem Fragewort, ist es so wie im Deutschen:

**Fragewort – Prädikat – Subjekt**

**hova**
wohin?
**Hova megy (ön)?** howå mädj (ön)
Wohin gehen / fahren Sie?

**hol**
wo?
**Hol van a posta?** hol wån å poschtå
Wo ist die Post?

**mi**
was?
**Mi ez?** mi äs
Was ist das?

**ki**
wer?
**Ki ez?** ki äs
Wer ist das?

**mikor** **Mikor indul a vonat?** mikor indul å wonåt
wann? Wann fährt der Zug?

**miért** **Miért nem jössz?** mieert näm jößß
*warum nicht kommst(-du)*
warum? Warum kommst du nicht?

**milyen** **Milyen bort kérsz?** mijän bort keerß
was für *was-für Wein(-Akk.) bittest(-du)*
ein(e)? Was für einen Wein möchtest du?

**Milyen a sör?** mijän å schör
wie ist ... ? Wie ist / schmeckt das Bier?

**melyik** **Melyik utcán kell menni?**
mäjik utzaan käll männi
welche *welche Straße-auf(Dat.) muss gehen*
(-r/-s)? Welche Straße muss man gehen?

**hogy** **Hogy vagy / van?** **Hogy hívnak?**
hodj wådj / wån hodj hiiwnåk
*wie bist(-du) / ist(-Sie)* *wie rufen(-sie)*
wie? Wie geht es dir? Wie heißt du?

## wie viel

Hány und mennyi werden beide mit „wie viel" übersetzt. Bei mennyi fragt man nur nach Maßeinheiten wie Kilogramm oder Gramm. Hány erfragt die konkrete Stückzahl:

*Es geht also letzlich um Zählbares und Nicht-Zählbares.*

**Mennyi kolbászt kér?**
mänjnji kolbaaßt keer
*wie-viel Wurst(-Akk.) bittet(-Sie)*
Wie viel Wurst wollen Sie? *(Gewicht)*

**Hány kolbászt kér?**
haanj kolbaaßt keer
*wie-viele Wurst(-Akk) bittet(-Sie)*
Wie viele Würste wollen Sie? *(Stück)*

**Hány éves vagy?**
haanj eewäsch wådj
*wie-viel jährig bist(-du)*
Wie alt bist du?

Nach hány oder mennyi steht das Hauptwort immer in der Einzahl.

**Hány ember van itt?**
haanj ämbär wån itt
*wie-viel Mensch ist(-er) hier*
Wie viele Leute sind hier?

Das Verb kerül *(kosten)* verlangt die Nachsilbe -ba / -be an der Währungs- bzw. Wertbezeichnung.

**Mennyibe kerül?**
mänjnjibä kärül
*wie-viel-in(Akk.) kostet(-es)*
Was kostet das?

**Ezer forintba kerül.**
äsär forintbå kärül
*tausend Forint-in(Akk.) kostet(-es)*
Es kostet tausend Forint.

## eine höfliche Frageformel

Eine gängige höfliche Formulierung von Fragen ist tetszik tätzik +Infinitv des bedeutungstragenden Verbs.

*Diese Ausdrucksweise kann ich Ihnen sehr empfehlen, weil sie nicht nur höflich, sondern auch noch einfach ist. Eine ähnliche Konstruktion im Deutschen war das äußerst aristokratische „geruhen zu tun". Im Ungarischen ist* tetszik *aber noch sehr lebendig.*

**Hova tetszik menni?**
howå tätzik männi
*wohin gefällt(-es) gehen*
Wohin gehen / fahren Sie?

**Hol tetszik lakni?**
hol tätzik låkni
*wo gefällt(-es) wohnen*
Wo wohnen Sie?

## ich möchte

Sagt ein Ungar „ich möchte", benutzt er das Wort „lieben" (szeretni), das oft auch im Sinne von „mögen, gern haben" verwendet wird. Dieser Verbstamm wird dann noch erweitert durch die Nachsilbe der Bedingungsform -né, und das ganze lässt sich dann wörtlich mit „würde mögen" übersetzen. Auch dies ist wiederum ein Ausdruck von Höflichkeit.

**szeretnék**
ßärätneek
*lieben-würde(-ich)*
ich möchte (gern) ...

# Befehlen

Das Erkennungszeichen der Befehlsform ist -j-. Das Wortschema sieht dann so aus:

*Die Personalendungen sind aber hier dieselben wie in der Vergangenheitsform.*

*Die Personalendung -ál / -él der Befehlsform der Einzahl kann wegfallen.*

| |
|---|
| **Verbstamm + j + Personalendung** |

| | |
|---|---|
| **várj(ál)!** waarj(aal) | warte! |
| **írj(ál)!** iirj(aal) | schreib! |
| **menj(él)!** mänj(eel) | geh weg! |
| **figyeljetek!** fidjäljätäk | hört zu! |

Man bekommt aber oft auch Ausnahmen zu hören:

| | |
|---|---|
| **gyere ide!** djärä idä | komm her! |
| **vigyázz!** widjaass | pass auf! |
| **add ide!** ådd idä | gib her! |

© Lefteris Papaulakis@Fotolia.com

Barocke Pracht im Stephansdom von Budapest

# Bindewörter

Die Bindewörter verwendet man wie im Deutschen, mit Ausnahme von is *(auch)*, das nicht vor, sondern stets nach dem Bezugswort steht.

| | |
|---|---|
| **és** eesch | und |
| **meg** mäg | und *(volkstümlich)* |
| **vagy** wådj | oder |
| **vagy ... vagy** wådj ... wådj | entweder ... oder |
| **de** dä | aber, doch |
| **is** isch | auch |

**Voltam Budapesten és a Balatonon is.**
woltåm budåpäschtän eesch å bålåtonon isch
*war(-ich) Budapest-auf(Dat.) und der Plattensee-auf(Dat.) auch*
Ich war in Budapest und auch am Plattensee.

**Vagy indulunk, vagy maradunk.**
wådj indulunk wådj mårådunk
*oder losgehen(-wir) oder bleiben(-wir)*
Entweder gehen wir los oder wir bleiben.

**Süt a nap, de a levegő hűvös.**
schüt å nåp dä å läwägöö hüüwösch
*scheint(-sie) die Sonne aber die Luft kühl*
Die Sonne scheint, aber die Luft ist kühl.

# Verhältniswörter

Im Ungarischen kommen die Verhältniswörter in zwei Varianten vor: einmal als nachgestellte freie Wörter (Postposition), und zum anderen als Nachsilbe (Suffix).

## nachgestellte Verhältniswörter

Als Nachsetzung stehen sie meistens mit dem Hauptwort in der Grundform, also gewissermaßen im Werfall (Nominativ):

**reggeli után**
räggäli utaan
*Frühstück nach*
nach dem Frühstück

**jegy nélkül**
jädj neelkül
*Fahrkarte ohne*
ohne Fahrkarte

*Weitere Verhältniswörter, die nachgesetzt werden:*

| | |
|---|---|
| **után** utaan | nach *(zeitl.)* |
| **körül** körül | um ... herum |
| **mellett** mällätt | neben |
| **mögött** mögött | hinter |
| **előtt** älöött | vor *(örtl. / zeitl.)* |
| **alatt** ålått | unter |
| **fölött** fölött | über |
| **közel** kösäl | nahe |
| **között** kösött | zwischen |
| **balra** bålrå | links (von) |
| **jobbra** jobbrå | rechts (von) |
| **szerint** ßärint | laut, gemäß |
| **felé** fälee | nach *(örtl.)* |

So kann man konkrete Raum- oder Zeitverhältnisse ausdrücken. Wenn sich die Postpositionen mit persönlichen Fürwörtern verbinden, geschieht das nicht so wie mit Hauptwörtern, sondern man klebt die Personalendungen an das Verhältniswort an:

| | |
|---|---|
| **után-am** utaanåm | nach mir, hinter mir |
| **szerint-e** ßärintä | nach seiner Meinung |
| **fölött-ed** fölöttäd | über dir |

Telekommunikation und Nahverkehr

© 3S

## Nachsilben der Ortsbestimmung

Grundlegende Verhältniswörter des Ortes wie „in“, „auf“, „an“, „zu“, „bei“, „aus“ und „von“ werden im Ungarischen durch Nachsilben (also sozusagen Fälle!) ausgedrückt. Wichtig ist auch, ob es sich um eine Ruhelage am Ort oder eine Bewegung handelt. Die Nachsilben haben wieder eine dunkel- und eine hellvokalische Variante (ház *Haus,* fa *Baum,* utca *Straße*).

## Verhältniswörter

**Hova megy?** howå mädj

Wohin geht er / sie / es?

**A házba megy.** å haasbå mädj
*das Haus-in(Akk.) geht(-er/sie/es)*
Er / Sie / Es geht ins Haus.

**Az utcára megy.** ås utzaarå mädj
*die Straße-auf(Akk.) geht(-er/sie/es)*
Er / Sie / Es geht auf die Straße.

**A fához megy.** å faahos mädj
*der Baum-zu geht(-er/sie/es)*
Er / Sie / Es geht zum Baum.

**Hol van?** hol wån
*wo ist*
Wo ist er / sie / es?

**A házban van.** å haasbån wån
*das Haus-in(Dat.) ist(-er/sie/es)*
Er / Sie / Es ist im Haus.

**Az utcán van.** ås utzaan wån
*die Straße-auf(Dat.) ist(-er/sie/es)*
Er / Sie / Es ist auf der Straße.

**A fánál van.** å faanaal wån
*der Baum-an(Dat.) ist(-er/sie/es)*
Er / Sie / Es ist am Baum.

**Honnan jön?** honnån jön

Woher kommt er / sie / es?

**A házból jön.** å haasbool jön
*das Haus-aus kommt(-er/sie/es)*
Er / Sie / Es kommt aus dem Haus.

**Az utcáról jön.** ås utzaarool jön
*die Straße-von kommt(-er/sie/es)*
Er / Sie / Es kommt von der Straße.

**A fától jön.** å faatool jön
*der Baum-von kommt(-er/sie/es)*
Er / Sie / Es kommt vom Baum.

| | **hova?** wohin? | **hol?** wo? | **honnan?** woher? |
|---|---|---|---|
| Ortsbestimmung des Innenraums | **-ba, -be** *(in)* | **-ban, -ben** *(in hinein)* | **-ból, -ből** *(aus heraus)* |
| Ortsbestimmung der Oberfläche | **-ra, -re** *(auf, an)* | **-n, -on, -en, -ön** *(auf, an)* | **-ról, -ről** *(von herab)* |
| Ortsbestimmung der seitlichen Nähe | ***-hoz, -hez, -höz*** *(zu, an heran)* | ***-nál, -nél*** *(bei, an)* | **-tól, -től** *(von her)* |

## mit

Auch „mit" wird im Ungarischen mit Hilfe einer Nachsilbe (-val / -vel) am Hauptwort ausgedrückt: szóda – szódával ßoodaawål *(mit Mineralwasser)*.

In Verbindung mit persönlichen Fürwörtern wird aber aus der Endung ein selbständiges Wort (vel-), an das die Personalendungen treten. Ähnliches kennen wir bereits von den Fürwörtern im Dativ (nek-).

| | |
|---|---|
| **velem** wäläm | mit mir |
| **veled** wäläd | mit dir |
| **vele** wälä | mit ihm / ihr |
| **velünk** wälünk | mit uns |
| **veletek** wälätäk | mit euch |
| **velük** wälük | mit ihnen |

**Tessék velem jönni!**
täschoheek wäläm jönni
*bitte mit mir kommen*
Kommen Sie bitte mit!

*Bei der Auswahl all dieser Endungsvarianten muss man wieder auf die Vokalharmonie achten!*

*Auch die obigen örtlichen Nachsilben bilden allesamt personengebeugte Formen nach demselben Muster, die ich aber hier nicht gesondert auflisten möchte. Interessanterweise hat so ein selbständiger „Fall-Wortstamm" einen jeweils einheitlichen Vokal, und die Personalendungen passen sich an diesen vokalharmonisch an statt umgekehrt.*

# Zahlen

Die Reihenfolge der gesprochenen Zahlen entspricht immer dem Schriftbild. Die Zehnerzahlen tíz *(10)* und húsz *(20)* werden mit den Einerzahlen durch das Element -en bzw. -on verbunden (vgl. die Ortsnachsilbe *„auf"*).

*Die Zahl „zwei" hat die Kurzform* két keet, *wenn sie direkt bei dem Gezählten steht. Die lange Form wird unbegleitet, und daher auch beim Abzählen („eins, zwei, drei") gebraucht.*

## Grundzahlen

| | | | |
|---|---|---|---|
| 0 | **nulla** nullå | 30 | **harminc** hårminz |
| 1 | **egy** ädj | 40 | **negyven** nädjwän |
| 2 | **kettő** kättöö | 50 | **ötven** ötwän |
| 3 | **három** haarom | 60 | **hatvan** håtwån |
| 4 | **négy** needj | 70 | **hetven** hätwän |
| 5 | **öt** öt | 80 | **nyolcvan** njolzwån |
| 6 | **hat** håt | 90 | **kilencven** kilänzwän |
| 7 | **hét** heet | 100 | **száz** ßaas |
| 8 | **nyolc** njolz | 101 | **százegy** ßaasädj |
| 9 | **kilenc** kilänz | 110 | **száztíz** ßaastiis |
| 10 | **tíz** tiis | 1000 | **ezer** äsär |
| 11 | **tizenegy** tisänädj *10-auf 1* | 1100 | **ezeregyszáz** äsärädjßaas |
| 19 | **tizenkilenc** tisänkilänz *10-auf 9* | 10000 | **tízezer** tiisäsär |
| 20 | **húsz** huuß | | |
| 21 | **huszonegy** hußonädj *20-auf 1* | | |
| 22 | **huszonkettő** hußonkättöö *20-auf 2* | | |

Benutzt man ein Zahlwort und denkt sich das gezählte Hauptwort nur hinzu, muss man die Endungen, die eigentlich an das Hauptwort gehören, statt dessen an die Zahl anfügen.

| | |
|---|---|
| **Kérsz száz Forintot?** | **Kérsz százat?** |
| keerß ßaas forintot | keerß ßaasåt |
| Möchtest du 100 Forint? | Möchtest du 100? |

## Ordnungszahlen

Mit Ausnahme von első *(erster, -e, -es)* bildet man die Ordnungszahlwörter mit der Endung -dik. Davor steht immer ein Bindevokal. „*Zweiter, -e, -es*" hat zwar die regelmäßige Endung, aber einen ganz abweichenden Stamm: második.

| | | | |
|---|---|---|---|
| 1. | **első** älschöö | 10. | **tizedik** tisädik |
| 2. | **második** maaschodik | 11 | **tizenegyedik** tisänädjädik |
| 3. | **harmadik** hårmådik | 12. | **tizenkettedik** tisänkättädik |
| 4. | **negyedik** nädjädik | 13 | **tizenharmadik** tisänhårmådik |
| 5. | **ötödik** ötödik | 14. | **tizennegyedik** tisännädjädik |
| 6. | **hatodik** håtodik | 20. | **huszadik** hußådik |
| 7. | **hetedik** hätädik | 34. | **harmincnegyedik** hårminznädjädik |
| 8. | **nyolcadik** njolzådik | 50. | **ötvenedik** ötwänädik |
| 9. | **kilencedik** kilänzädik | 100. | **századik** ßaasådik |

*Das liegt daran, dass die Idee der Mehrzahl durch die Zahl bzw. Mengenangabe bereits eindeutig zum Ausdruck kommt.*

Wichtig: Nach Zahlwörtern, Maßeinheiten und unbestimmten Mengenangaben steht das Hauptwort immer in der Einzahl!

| | |
|---|---|
| **minden jót kivánok** mindän joot kiwaanok | ich wünsche alles Gute |
| **sok lány** schok laanj | viele Mädchen |
| **kevés ember** käweesch ämbär | wenige Menschen |
| **tiz alma** tiis ålmå | zehn Äpfel |

## -mal

Die Zahl-Umstandswörter vom Type„*soundso-vielmal*“ werden mit der vokalharmonischen Nachsilbe -szor / -szer / -ször gebildet:

| | |
|---|---|
| **egyszer** ädjßär | einmal |
| **kétszer** keetßär | zweimal |
| **háromszor** haaromßor | dreimal |
| **négyszer** needjßär | viermal |
| **ötször** ötßör | fünfmal, *usw.* |

## Mengenangaben

| | |
|---|---|
| **egy kiló** ädj kiloo | ein Kilo |
| **fél kiló** feel kiloo | ein halbes Kilo |
| **tiz deka** tiis dekå | zehn Dekagramm (= 100 Gramm) |
| **egy tucat** ädj tuzåt | ein Dutzend |
| **a fele** å fälä | die Hälfte |

| | |
|---|---|
| **a negyede** å nädjädä | ein Viertel |
| **a harmada** å hårmådå | ein Drittel |
| **egy liter** ädj litär | ein Liter |
| **fél liter** feel litär | 0,5 Liter |
| **egy deci** ädj däzi | ein Deziliter (= ein Glas Wein) |
| **fél deci** feel däzi | 0,5 Deziliter (= ein Glas Schnaps) |
| **tíz darab** tiis dåråb | zehn Stück |

## Zeitangaben

Nach der Uhrzeit fragt man so:

**Hány óra (van)?**
haanj oorå (wån)
*wie-viel Stunde (ist(-es))*
Wie spät ist es?

| | | |
|---|---|---|
| 4:00 | **négy óra (van)** needj oorå wån | *vier Uhr (ist)* |
| 3:30 | **fél négy** feel needj | *halb vier* |
| 3:15 | **negyed négy** nädjäd needj | *viertel vier* |
| 3:45 | **háromnegyed négy** haaromnädjäd needj | *dreiviertel vier* |
| 3:25 | **három óra huszonöt perc** haarom oorå hußonöt pärz | *drei Uhr 25 Minuten* |

# Zeitangaben

## Tageszeiten

| | | | |
|---|---|---|---|
| **reggel** räggäl | Morgen | **tegnap** tägnåp | gestern |
| **délben** deelbän | Mittag | **ma** må | heute |
| **este** äschtä | Abend | **holnap** holnåp | morgen |
| **éjjel** eejjäl / **éjszaka** eejßåkå | | Nacht | |
| **három nappal / héttel ezelőtt** haarom nåppål / heettäl äsälööll | | vor drei Tagen / Wochen | |
| **jövő héten** jöwöö heetän | | nächste Woche | |
| **jövőre** jöwöörä | | nächstes Jahr | |

## allgemeine Zeitausdrücke

| | |
|---|---|
| **nap** nåp | Tag |
| **hét** heet | Woche |
| **hónap** hoonåp | Monat |
| **év** eew | Jahr |
| **dátum** daatum | Datum |
| **tavasz** tåwåß | Frühling |
| **nyár** njaar | Sommer |
| **ősz** ööß | Herbst |
| **tél** teel | Winter |

## Wochentage

| | |
|---|---|
| **hétfő** heetföö | Montag |
| **kedd** kädd | Dienstag |
| **szerda** ßärdå | Mittwoch |
| **csütörtök** tschütörtök | Donnerstag |
| **péntek** peentäk | Freitag |
| **szombat** ßombåt | Samstag |
| **vasárnap** wåschaarnåp | Sonntag |

Beim Trabrennen

## Monate

| | |
|---|---|
| **január** jånuaar | Januar |
| **február** fäbruaar | Februar |
| **március** maarziusch | März |
| **április** aaprilisch | April |
| **május** maajusch | Mai |
| **június** juuniusch | Juni |
| **július** juuliusch | Juli |
| **augusztus** åugußtusch | August |
| **szeptember** ßäntämbär | September |
| **október** oktoobär | Oktober |
| **november** nowämbär | November |
| **december** däzämbär | Dezember |

© Tom Spiro@Fotolia.com

Panorama-Radweg am Donauufer und das Parlament

# Mini-Knigge

Lange vor dem Beitritt Ungarns zur EU im Jahr 2004 haben sich die Ungarn, vor allem die Budapester, an Westeuropa orientiert. Sie verstehen sich als weltmännisch und erwarten, dass man das weiß. Rechnen Sie damit, dass viele Ungarn über Wirtschaft, Politik, Geschichte und Kultur in Europa und Übersee besser informiert sind als wir.

Das Preisniveau gleicht sich immer mehr dem westlichen an, aber leider nicht die ungarischen Gehälter. Deswegen sollte man mit Preisvergleichen äußerst vorsichtig sein. Übrigens ist es nicht üblich, bei einem gemeinsamen Essen getrennt zu zahlen. Man zahle für alle!

Verletzen Sie nicht den Stolz der Ungarn! Sie sind stolz auf ihr Volk, ihr Land, ihre Kultur, ihren Wein und auf Budapest.

Sehr viel Wert wird auf Höflichkeit gelegt, besonders gegenüber älteren Leuten und Frauen.

Üben Sie sich in Geduld, denn die Ungarn sind oft unpünktlich. So fährt der Zug oft später ab, und auch eine Theatervorstellung kann sich um einiges verzögern.

## Anreden & Begrüßen

Redet man einen Fremden auf der Straße an, sollte man die Höflichkeitsform benutzen.

**Tessék mondani, hol van a Lánchid?**
täschscheek mondåni hol wån å laanzhiid
*bitte sagen wo ist(-sie) die Kettenbrücke*
Sagen Sie bitte, wo ist die Kettenbrücke?

Ist es ein Jugendlicher, kann man ruhig sagen:

**Légy szíves mutass egy diszkót a térképen.**
leedj ßiiwäsch mutåschsch ädj dißkoot å teerkeepän
*sei herzlich zeige ein Disco(-Akk.) der Stadtplan-auf(Dat.)*
Bitte zeig mir eine Disco auf dem Stadtplan!

Die Ungarn benutzen untereinander das „Du" häufiger als das „Sie". Arbeitskollegen und gute Nachbarn reden sich in der Regel mit dem Vornamen an, wobei an den Namen oft noch ein -ka oder -ke angehängt wird, was eine Koseform darstellt, z. B. János – Jánoska (jaanoschkå). Wundern Sie sich nicht, wenn man auch Ihnen schnell das „Du" anbietet, das ist nichts Außergewöhnliches.

Jugendliche begrüßen und verabschieden sich mit szia (ßiå) in der Einzahl oder mit sziasztok (ßiåßtok) in der Mehrzahl. Freunde und gute Bekannte sagen bei Ankunft und Abschied bei einer einzelnen Person szervusz (ßärwuß), bei einer Gruppe szervusztok (ßärwußtok).

Zu Frauen und alten Leuten sagt man immer:

**Kezét csókolom!**
käseet tschookolom
*Hand-Ihre(-Akk.) küsse(-ich)(best.)*
Küss' die Hand!

**Csókolom!**
tschookolom
*küsse(-ich)(best.)*
Küss' die Hand!

Das ist sehr praktisch, da man es zu jeder Tageszeit sagen kann.

Zu Männern kann man das Übliche sagen:

**Jó napot (kívánok)!**
joo nåpot (kiiwaanok)
Guten Tag!

**Jó éjszakát (kívánok)!**
joo eejßåkaat (kiiwaanok)
Gute Nacht!

*(wünsche ich)*

**Jó reggelt (kívánok)!**
joo räggält (kiiwaanok)
Guten Morgen!

**Jó estét (kívánok)!**
joo äschteet (kiiwaanok)
Guten Abend!

*(wünsche ich)*

Freunde und Bekannte küssen sich bei der Begrüßung und beim Abschied auf die Wangen (der Kuss wird nur angedeutet). Man sollte sich damit auch anfreunden, weil Hände schütteln als offiziell und sehr distanziert gilt.

## Familiennamen

Familien- und Vornamen werden im Ungarischen andersherum als im Deutschen gesagt.

**Nagy Péter vagyok.**
nådj peetär wådjok
*Nagy Peter bin(-ich)*
Ich heiße Peter Nagy (= Groß).

Will man sagen „Herr Nagy", heißt das Nagy úr. Redet man Frau Nagy an, braucht man die Nachsilbe -né. -Né ist eine Variante des Wortes nő *(Frau)*. Sie heißt also Nagyné, oder sie ist, wenn man den Vornamen des Mannes noch dazu nennt, Nagy Péterné. Wenn dagegen eine Frau unverheiratet ist, wird sie anders angesprochen:

**Szabó asszony**
ßåboo åßßonj
*Schneider Frau*
Frau Schneider

**Kovács kisasszony**
kowaatsch kischåßßonj
*Schmied Fräulein*
Fräulein Schmidt

© 3S

Ornamentales Architekturdetail

# Redewendungen

Hier finden Sie einige Ausdrücke und Wörter, die man täglich gebrauchen kann.

## Zustimmung

**Rendben van!**
rändbän wån
*Ordnung-in(Dat.) ist(-es)*
In Ordnung!

**Világos!**
wilaagosch
*hell*
Klar!

## Verständigung

**Nem tudok magyarul**
näm tudok mådjårul
*nicht kann(-ich) ungarisch(Umst.)*
Ich spreche kein Ungarisch.

**Nem értem.**
näm eertäm
*nicht verstehe(-ich)(best.)*
Ich verstehe nicht.

**Mondd még egyszer!**
mondd meeg ädjßär
*sag noch einmal*
Sag es noch einmal!

**Hogy mondják?**
hodj mondjaak
*wie sagen(-sie)(best.)*
Wie sagt man?

**Lassan beszélj!**
låschschån bäßeelj
*langsam(Umst.) sprich*
Sprich langsam!

*Mit einem Smartphone können Sie sich die mit einem gekennzeichneten Sätze dieses Kapitels anhoren. Scannen Sie einfach den QR-Code mit Hilfe einer kostenlosen App (z. B. „Barcoo" oder „Scanlife").*

## Sonstiges

| | |
|---|---|
| **Mindegy!** mindädj | Egal! *(alles-eins)* |
| **Nem fontos!** (näm fontosch) | Nicht wichtig! |
| **Figyelem!** (fidjäläm) | Achtung! |

**Biztos?**
bistosch
*sicher*
Stimmt das?

**Mit akarsz?**
mit åkårß
*was(-Akk.) willst(-du)*
Was willst du?

**Van kedved?**
wån kädwäd
*ist(-sie) Lust-dein*
Hast du Lust?

**Fáradt vagyok.**
faarått wådjok
*müde bin(-ich)*
Ich bin müde.

## Sich entschuldigen

**Bocsánatot kérek.**
botschaanåtot keeräk
*Entschuldigung(-Akk.) bitte(-ich)*
Ich bitte um Entschuldigung.

**Nem baj!**
*nicht Unglück*
Macht nichts!

## Glückwunsch & Beileid

**Gratulálok!**
gråtulaalok
*gratuliere(-ich)*
Ich gratuliere

**Sajnálom!**
schåjnaalom
*bedaure(-ich)(best.)*
Es tut mir Leid.

## Bitte & Danke

| | |
|---|---|
| **Tessék?** täschscheek | Wie bitte? |
| **Tessék, itt van ...** (... itt wån) | Bitte, hier ist ... |
| **kérem szépen** keeräm ßeepän | bitte schön |
| **köszönöm szépen** kößönöm ßeepän | danke schön |
| **kösz(i)** köß(i) | danke *(ugs.)* |
| **... szeretnék.** ßärätneek | Ich möchte ... |

*umgangssprachliche Kurzform*

## Schimpfen

Sollte man wirklich mal in eine Situation kommen, in der man seinem Ärger Luft machen muss oder man sich genervt fühlt, dann kann man folgende Ausdrücke benutzen, mit denen man nicht zu verletzend, aber trotzdem deutlich wird:

| | |
|---|---|
| **hülye** hüjä | blöd, doof |
| **bolond** bolond | verrückt |
| **Haggy békén!** hådjdj beekeen | Lass mich in Frieden! |
| **Menj a francba!** münj å franzba | Geh zum Teufel! |

## für Notfälle

| | |
|---|---|
| **Segítség!** schägiitscheeg | Hilfe! |
| **Rendőrség!** rändöörscheeg | Polizei! |
| **Vigyázz!** widjaass | Pass auf! |

# Unterwegs

Trifft man unterwegs auf ein Zeichen mit der Aufschrift Múzeumok, gibt es Kultur zu sehen:

*Museen sind montags geschlossen. Schüler und Studenten zahlen meist ermäßigten Eintritt.*

| | |
|---|---|
| **múzeum** muusäum | Museum |
| **műemlék** müüämleek | Denkmal |

**Ez milyen épület?**
äs mijän eepülät
*dieses was-für-ein Gebäude*
Was ist das für ein Gebäude?

**Ki volt az építész / szobrász / művész / festő?**
ki wolt ås eepiiteeß / ßobraaß / müüweeß / fäschtöö
Wer war der Architekt / Bildhauer / Künstler / Maler?

*Mit einem Smartphone können Sie sich die mit einem gekennzeichneten Sätze dieses Kapitels anhören.*

**Ez meglepő / óriási / pompás / csodálatos!**
äs mägläpöö / ooriaaschi / pompaasch / tschodaalåtosch
Das ist erstaunlich / gewaltig / großartig / wunderbar!

## in der Stadt

**Csókolom, hol van a(z) ... ?**
tschookolom hol wån å(s)
*küsse-ich(best.) wo ist(-er/sie/es) der/die/das ...*
Küss' die Hand, wo ist der / die / das ... ?

| | |
|---|---|
| **városközpont** waaroschköspont | Stadtzentrum |
| **pályaudvar** paajåudwår | Bahnhof |
| **déli ...** deeli | Süd- *(Bahnhof)* |
| **nyugati ...** njugåti | West- *(Bahnhof)* |
| **keleti ...** käläti | Ost- *(Bahnhof)* |
| **rendőrség** rändöörscheeg | Polizei(station) |
| **... megálló** mägaalloo | ...-Haltestelle |
| **villamos ...** willåmosch | Straßenbahn ... *(Linie)* |
| **trolibusz ...** trolibuß | Trolleybus ... *(Linie)* |
| **busz ...** buß | Autobus ... *(Linie)* |
| **hév ...** heew | S-Bahn ... *(Linie)* |
| **... állomás** aallomaasch | ...-Station |
| **metró ...** mätroo | Metro ... *(Linie)* |
| **taxi** tåkßi | Taxi |
| **benzinkút** bänsinkuut | Tankstelle |
| **autószervíz** åutooßerwiis | Werkstatt |
| **... utca** utzå – **... tér** teer | ...-Straße – ...-Platz |
| **repülőtér** räpülööteer | Flugplatz |
| **bank** bånk | Bank |
| **kerület** kärülät | Bezirk |
| **egyetem** ädjätäm | Universität |
| **állatkert** aallåtkärt | Zoo |
| **stadion** schtådion | Stadion |
| **Ecseri** ätschäri | Flohmarkt *(Budapest)* |
| **uszoda** ußodå / **fürdő** fürdöö | Schwimmbad |
| **jegyárusítás** jädjaaruschiitaasch | Kartenvorverkauf |
| **rom(ok)** rom(ok) | Ruine(n) |
| **országház** orßaaghaas | Parlament |
| **vár** waar | Burg, Festung |
| **templom** tämplom | Kirche |

*erkennbar an der grünen Farbe*

**Szeretnék oda menni.**
ßärätneek odå männi
*lieben-würde(-ich) dorthin gehen*
Ich möchte dorthin gehen / fahren.

**Hogy jutok oda?**
hodj jutok odå
Wie komme ich dorthin?

Das öffentliche Verkehsnetz in den Städten ist ganz gut. Autobusse sind blau, Trolleybusse rot, Straßenbahnen gelb und Vorstadtzüge grün gestrichen. In Budapest gibt es zusätzlich noch die Metró, auch földalatti *(unterirdische)* genannt. Die Haltestellen sind mit einem „M"-Logo einheitlich gekennzeichnet. Da der Verkehr auf den Budapester Straßen chaotisch ist und nicht selten die Straßen total verstopft sind, kommt man mit der Metro viel schneller am Ziel. An den Metro-Endstationen kann man dann mit dem Bus oder der Vorstadtbahn weiterfahren.

| | |
|---|---|
| **végállomás** weegaallomaasch | Endstation |
| **HÉV** heev | Vorstadtbahn |

Man bekommt Fahrkarten an allen Metrostationen, in der Trafik *(Tabakkiosk)* und an vielen Straßenbahnhaltestellen. Die Karten muss man dann im jeweiligen Verkehrsmittel bzw. am Metro-Eingang entwerten.

Eine Monats- oder Wochenkarte für alle Verkehrsmittel zu kaufen, lohnt sich schon, wenn man nur einige Tage in Budapest bleibt. Man braucht dazu ein Passbild und das Wort bérlet *(Zeitkarte)*.

## mit dem Flugzeug

Budapest Ferihegy (färihädj) 1 und 2 sind die wichtigsten internationalen Flughäfen im Land. Es gibt keine Inlandflüge.

**Szeretnék a repülőtérre menni.**
ßärätneek å räpülööteerrå männi
*lieben-würde(-ich) der Flughafen-auf(Akk.) gehen*
Ich möchte zum Flughafen (fahren).

*Mit dem Airport-Minibus wird man zum akzeptablen Festpreis zu jedem beliebigen Ziel in der Stadt gefahren.*

**Mikor megy a következő gép ...-ba/-be?**
mikor mädj å köwätkäsöö geep ...-bå/-bä
*wann geht(-sie) die nächste Maschine ...-in(Akk.)*
Wann geht der nächste Flug nach ... ?

| | |
|---|---|
| **érkezés** eerkäseesch | Ankunft |
| **indulás** indulaasch | Abflug |

## mit Bahn & Bus

Budapest hat drei nach den Himmelsrichtungen benannte Hauptbahnhöfe (pályaudvar paajåudwår, meist p. u. abgekürzt).

**Nyugati / Déli / Keleti**
Westbahnhof / Südbahnhof / Ostbahnhof

Auf dem Land heißen die Bahnhöfe vasútállomás wåschuutaallomaasch *(Eisenbahnstation)*.

| **Hol van ...** | **Wo ist ... ?** |
|---|---|
| **... a pályaudvar?**<br>hol vån å paajåudwår? | ... der Bahnhof? |
| **... az ötödik vágány?**<br>hol vån ås ötödik waagaanj | ... Bahnsteig 5? |
| **... a jegypénztár?**<br>hol vån å jädjpeenstaar | ... der Fahrkarten-schalter? |
| **... a csomagmegőrző?**<br>hol vån å tschomågmägöörsöö | ... die Gepäck-aufbewahrung? |

**Mikor megy a(z) ... vonat Győrbe?**
mikor mädj å(s)... wonåt djöörbä
*wann geht(-er) der... Zug Győr-in(Akk.)*
Wann fährt der ...-Zug nach Győr?

| | |
|---|---|
| **első** älschöö | erster (-e, -es) |
| **utolsó** utolschoo | letzter (-e, -es) |
| **következő** köwätkäsöö | nächster (-e, -es) |

**Mikor ér(kezik) a vonat Győrbe?**
mikor eer(käsik) å wonåt djöörbä
*wann ankommt(-er) der Zug Győr-in(Akk.)*
Wann kommt der Zug in Győr an?

**A vonat késik.**
å wonåt keeschik
*der Zug verspätet-sich(-er)*
Der Zug hat Verspätung.

**Szabad ez a hely?**
ßåbåd äs å häj
*frei-ist dieser Platz*
Ist der Platz frei?

**Kérek egy jegyet Győrbe.**
keeräk ädj jädjät djöörbå
*bitte(-ich) eine Karte(-Akk.) Győr-in(Akk.)*
Ich möchte eine Karte nach Győr.

**a vágányokhoz**
å waagaanjokhos
*die Bahnsteige-zu*
zu den Bahnsteigen

**...-(b)en/-ban/-on szeretnék leszállni.**
...-(b)än/-bån/-on ßärätneek läßaallni
*...-in(Akk.)/-auf(Akk.) lieben-würde(-ich) aussteigen*
Ich möchte in ... aussteigen.

**Szól nekem?**
ßool näkem
*sagt-Sie mir*
Sagen Sie mir Bescheid?

| | |
|---|---|
| **repülő** räpülöö | Flugzeug |
| **gép** geep | Maschine |
| **repülőjegy** räpülööjädj | Flugticket |
| **hajó** håjoo | Schiff |
| **komp** komp | Fähre |
| **motorbicikli** motorbizikli | Motorrad |
| **bicikli** bizikli | Fahrrad |
| **bérlet** beerlät | Monatskarte |
| **autó** åutoo | Auto |
| **vonat** wonåt | Zug |
| **busz** buß | Bus |
| **villamos** willåmosch | Straßenbahn |
| **oda-vissza** odå-wißßå | hin und zurück |

| | |
|---|---|
| **menetjegy** mänätjädj | Fahrkarte |
| **beszáll** bäßaall | einsteigen |
| **leszáll** läßaall | aussteigen |
| **pénztár** peenstaar | Schalter, Kasse |
| **retúr** rätuur | Hin - und Rückfahrt |
| **érkezés** eerkäseesch | Ankunft |
| **indulás** indulaasch | Abfahrt |
| **vágány** waagaanj | Gleis, Bahnsteig |

Mit Bus oder Eisenbahn kann man das ganze Land bereisen. Besonders gute Zugverbindungen gibt es von Budapest zum Balaton *(Plattensee)* und zu anderen Großstädten.

**dohányzó**
dohaanjsoo
Raucher

**Tilos a dohányzás!**
tilosch å dohaanjsaasch
Rauchen verboten!

**Hova megy ez a busz?**
howå mädj äs å buß
*wohin geht(-er) dieser der Bus*
Wohin fährt der Bus?

**Hol lehet jegyet venni?**
hol lähät jädjät wänni
*wo kann Fahrschein(-Akk.) kaufen*
Wo kann man einen Fahrschein lösen?

**Mikor indul a busz?**
mikor indul å buß
*wann abfährt(-er) der Bus*
Wann fährt der Bus los?

**Melyik megállónál kell leszállnom?**
mäjik mägaalloonaal käll läßaallnom
*welche Station-bei muss aussteigen-mein*
Welche Station muss ich aussteigen?

**Mennyi a menetidő?**
mänjnji å mänätidöö
*wie-viel die Fahrtzeit*
Wie lange dauert die Fahrt?

| | |
|---|---|
| **Balaton** bålåton | Plattensee |
| **puszta** pußtå | Puszta |
| **falu** fålu | Dorf |
| **kisváros** kischwaarosch | Kleinstadt |
| **utca** utzå | kleine Straße, Gasse |
| **út** uut | Straße, Weg |
| **országút** orßaaguut | Landstraße |
| **alföld** ålföld | Tiefebene |
| **víz** wiis | Wasser |
| **patak** påtåk – **folyó** fojoo | Bach – Fluss |
| **tó** too | See |
| **mező** mäsöö | Feld |
| **kukorica** kukorizå | Mais |
| **búza** buuså | Weizen |
| **napraforgó** nåpråforgoo | Sonnenblume |
| **gémeskút** geemäschkuut | Ziehbrunnen |
| **növény** nöweenj | Pflanze |
| **virág** wiraag | Blume |
| **fa** få | Baum, Holz |
| **tanya** tånjå | Bauernhof |
| **hegy** hädj | Berg |
| **szőlőhegy** ßöölööhädj | Weinberg |
| **forrás** forraasch | Quelle |

| | |
|---|---|
| **híd** hiid | Brücke |
| **nap** nåp – **árnyék** aarnjeek | Sonne – Schatten |
| **lakik** låkik | wohnen |
| **fürdik** fürdik – **úszik** uußik | baden – schwimmen |
| **nyitva** njitwå | geöffnet |
| **zárva** saarwå | geschlossen |
| **uszoda** ußodå | Schwimmbad |
| **irány** iraanj | Richtung |
| **távolság** taawolschaag | Entfernung |
| **belépőjegy** bäleepööjädj | Eintrittskarte |
| **városnéző körút** waaroschneesöö köruut | Stadtrundfahrt |
| **sétakocsikázás** scheetåkotschikaasaasch | Kutschfahrt |

## mit dem Auto

Ist man mit einem Auto oder Motorrad unterwegs und hat eine Panne, findet man im ganzen Land Reparaturwerkstätten. Außerdem unterhält der ungarische Automobilclub einen Pannendienst auf den Hauptverkehrsstraßen. An den Tankstellen wird die Oktanzahl der verschiedenen Benzinsorten angegeben: normál (92), szúper (95) und extra (98). Bleifrei heißt ólommentes oolommäntäsch.
Nachts sollte man eher vorsichtig fahren, da eine Begegnung mit einem unbeleuchteten Pferdefuhrwerk nicht auszuschließen ist.

Die Raststätten an den Hauptverkehrsstraßen heißen pihenőhely pihänööhäj. Es gilt ein absolutes Alkoholverbot für Autofahrer.

**Kilencvennyolcasat kérek.**
kilänzwännjolzåschåt keeräk
*98-er(-Akk.) bitte(-ich)*
Ich möchte Extra.

**Tele kérem.**
tälä keeräm
*voll bitte(-ich)(best.)*
Bitte volltanken.

**Elromlott az autóm.**
älromlott ås åutoom
*kaputt-gegangen das Auto-mein*
Mein Auto ist kaputt.

**Kell nekem...**
käll näkäm
*muss mir ...*
Ich brauche ...

**Az autó olyan furcsán zörög.**
ås åutoo ojån furtschaan sörög
*das Auto so komisch(Umst.) klirrt(-es)*
Das Auto macht komische Geräusche.

**Felforr a hűtővíz.**
fälforr å hüütööwiis
*kocht(-es) das Kühlwasser*
Der Wagen wird heiß.

**Nem húz a motor.**
nam huus å motor
*nicht zieht(-er) der Motor*
Der Motor zieht nicht.

**Tudja megjavítani a kocsimat?**
tudjå mägjåwiitåni å kotschimåt
*kann(-Sie)(best.) reparieren der Wagen-mein(-Akk.)*
Können Sie meinen Wagen reparieren?

**Mennyi ideig tart a javítás?**
mänjnji idäjig tårt å jåwiitaasch
*wie-viel Zeit-bis dauert(-sie) die Reparatur*
Wie lange dauert die Reparatur?

**Kérem vontassák el az autómat!**
keeräm wontåschschaak äl ås åutoomåt
*bitte-ich(best.) schleppe-Sie(best.) ab das Auto-mein(-Akk.)*
Bitte schleppen Sie mein Auto ab!

**A kocsim a(z) ... áll.**
å kotschim å(s) ... aall
*der Wagen-mein der/die/das (...-in) steht(-er)*
Mein Wagen steht in ...

| | | |
|---|---|---|
| **szomszéd faluban** | ßomßeed fålubån | im Nachbardorf |
| **5. kerületben** | kärülätbän | im 5. Bezirk |
| **X. Y. utcában** | utzaabån | in der X. Y. Straße |

| | |
|---|---|
| **kocsi** kotschi / **autó** åutoo | Wagen, Auto |
| **motorbicikli** motorbizikli | Motorrad |
| **teherautó** tähäråutoo | LKW |
| **benzinkút** bänsinkuut | Tankstelle |
| **szervíz** ßerwiis | Werkstatt |
| **benzin** bänsin | Benzin |
| **disel-olaj – motorolaj** olåj | Dieselöl – Motoröl |
| **nyomás** njomaasch | Druck |
| **légnyomás** leegnjomaasch | Reifenluftdruck |
| **hűtővíz** hüütööwiis | Kühlwasser |
| **pótalkatrész** pootålkåtreeß | Ersatzteil |
| **akku** åkku – **indító** indiitoo | Batterie – Anlasser |
| **gyújtógyertya** djuujtoodjärtjå | Zündkerze |
| **hűtő** hüütöö | Kühler |
| **karburátor** kårburaator | Vergaser |
| **hajtómű** håjtoomüü | Getriebe |
| **tengely** tängäj | Achse |
| **lökhárító** lökhaariitoo | Stoßdämpfer |
| **ajtó** åjtoo – **motor** motor | Tür – Motor |
| **fényszóró** feenjßooroo | Scheinwerfer |
| **kormánykerék** kormaanjkäreek | Lenkrad |
| **ülés** üleesch | Sitz |

| | |
|---|---|
| **kipuffogó** kipuffogoo | Auspuff |
| **fék** feek | Bremsen |
| **szelep** ßäläp | Ventil |
| **hegeszt** hägäßt | schweißen |
| **megjavít** mägjåwiit | reparieren |
| **beállit** bäaalliit | einstellen |
| **kerék** käreek | Rad |
| **gumi** gumi | Reifen |
| **tömlő** tömlöö | Schlauch |
| **levegő** läwägöö | Luft |
| **víz** wiis | Wasser |
| **hibás** hibaasch | defekt |
| **dinamó** dinåmoo | Lichtmaschine |
| **elosztó** äloßtoo | Verteiler |
| **megszakító** mägßåkiitoo | Unterbrecher |
| **hajlótengely** håjtootangäj | Antriebswelle |
| **tank** tånk | Tank |
| **szélvédő** ßeelweedöö | Windschutzscheibe |
| **kölcsönad** költschönåd | ausleihen |
| **szerszám** ßärßaam | Werkzeug |
| **elvontat** älwontåt | abschleppen |
| **jármű** jaarmüü | Fahrzeug |
| **kalapács** kålåpaatsch | Hammer |
| **csavar** tschåwår | Schraube |
| **csavarhúzó** tschåwårhuusoo | Schraubenzieher |
| **csavarkulcs** tschåwårkultsch | Schraubenschlüssel |
| **anya** ånjå | Mutter |
| **fogó** fogoo | Zange |
| **kocsiemelő** kotschiämälöö | Wagenheber |
| **pumpa** pumpå | Luftpumpe |
| **defekt** däfäkt | Panne |
| **vontatókötél** wontåtooköteel | Abschleppseil |

© Mário Filipe@Fotolia.com

Verkehr vor der Markthalle, Budapest

Autobahnen sind grün beschildert, Hauptstraßen blau, kleine Straßen auf dem Land weiß mit schwarzer Schrift. Die Benutzung der Autobahnen und Schnellstraßen ist mautpflichtig (und zwar mit einer hochmodernen, gewissermaßen virtuellen E-Vignette).

Es gelten die gleichen Verkehrsregeln wie in Deutschland, Österreich und der Schweiz. Die Höchstgeschwindigkeiten sind folgendermaßen geregelt: Autobahn 130 km/h, innerorts 50 km/h, Landstraßen 90 km/h.

Außerhalb der Ortschaften muss man mit eingeschaltetem Licht fahren.

# Essen & Trinken

Was die Ungarn essen, weiß bei uns jeder: Paprika und Gulasch. In Wahrheit ist die ungarische Küche viel abwechslungsreicher. Aber wenn eine ungarische Köchin die Möglichkeit sieht, Schmalz, Zwiebeln und Paprika ins Essen zu geben, wird sie es auch tun. Sollte es Ihnen mal zu scharf sein, essen Sie schnell Brot hinterher.

In Ungarn wird gern und viel gegessen. Sollten Sie also von einer Familie zum Essen eingeladen werden, essen Sie vorher nichts, denn Ihre Gastgeber werden Sie füllen wie eine Taube. Hier kommen erst einmal die Nationalspeisen:

| | |
|---|---|
| **paprikás csirke** påprikaasch tschirkå | Paprikahuhn |
| **gulyásleves** gujaaschläwäsch | Gulaschsuppe |
| **pörkölt** pörkölt | Gulasch *(sämig)* |
| **halászlé** hålaaßlee | Fischsuppe |
| **tökfőzelék** tökföösäleek | Kürbisgemüse |
| **lecsó** lätschoo | Paprika-Gemüse in Tomatensoße |
| **rakott káposzta** råkott kaapoßtå | Sauerkraut |
| **palacsinta** pålåtschintå | Eierkuchen mit Füllung |
| **rétes** reetäsch | Strudel |

*Übrigens ist Gulasch in Ungarn eine dicke Suppe. Unser deutsches Gulasch (also das Schmorgericht) ist aber auch ein echt ungarisches Gericht. Es heißt allerdings* pörkölt.

*Die Ungarn essen zu jeder Mahlzeit Brot.* Die gerade aufgezählten Gerichte sind längst nicht alle, dafür aber landesweit verbreitet.

| | | |
|---|---|---|
| | **reggeli** räggäli | Frühstück |
| | **ebéd** äbeed | Mittagessen |
| | **vacsora** wåtschorå | Abendessen |
| | **pincér** pinzeer | Kellner |
| | **tányér** taanjeer | Teller |
| | **csésze** tscheeßa | Tasse |
| | **kés** keesch | Messer |
| | **villa** willå | Gabel |
| | **kanál** kånaal | Löffel |
| | **pohár** pohaar | Glas |
| | **éhség** eehscheeg | Hunger |
| | **szomjúság** ßomjuuschaag | Durst |
| | **étel** eetäl | Gericht |
| | **adag** ådåg | Portion |
| *z. B. Torte* | **szelet** ßälät | Scheibe, Stück |
| | **ital** itål | Getränk |
| | **inni** inni | trinken |
| | **enni** änni | essen |
| | **étlap** eetlåp | Speisekarte |
| | **sós** schoosch | salzig |
| | **finom** finom | lecker |
| | **nagyon finom** nådjon finom | sehr lecker |
| | **csípős** tschiipöösch | scharf |
| | **túl erős** tuul eröösch | zu scharf |
| | **édes** eedäsch | süß |
| | **savanyú** schåwånjuu | sauer |
| | **keserű** käschärüü | bitter |
| | **nyers** njärsch | roh |
| | **sült** schült | gebraten |
| | **főtt** föött | gekocht |

## Getränke

Das Nationalgetränk der Ungarn ist der Wein (bor), den viele täglich zum Essen trinken, oft mit Mineralwasser verdünnt, was dann fröccs fröttsch genannt wird. Es gibt neben dem Tokajer (tokaji tokåji) eine Vielzahl von trockenen und süßen Weinen in allen Preisklassen.

| | |
|---|---|
| **száraz** ßaarås | trocken |
| **félszáraz** feelßaarås | halbtrocken |
| **félédes** feeleedäsch | halbsüß |
| **édes** eedäsch | süß |
| **asztali bor** åßtåli bor | Tafelwein |
| **minőségi bor** minööscheegi bor | Qualitätswein |

Die kleinste Menge Wein, die man bestellen kann, ist egy deci ädj däzi, d. h. 100 Milliliter.

Der Kaffee – von den Türken übernommen und von den Italienern mit ihrem Espresso-Verfahren modernisiert – ist in Ungarn zu einem Volksgetränk geworden. Kaum ein Ungar kommt ohne fünf bis sechs Tassen täglich aus.

*Übrigens gibt es viele Witze über den großen Wasserverbrauch der Deutschen beim Kaffeekochen.*

| | |
|---|---|
| **ital** itål | Getränk |
| **víz** wiis | Wasser |
| **fehérbor** fäheerbor | Weißwein |
| **vörösbor** wöröschbor | Rotwein |
| **pezsgő** päshgöö | Sekt, Champagner |
| **sör** schör | Bier |
| **szóda(víz)** ßoodåwiis | Sodawasser, Selters |

| | |
|---|---|
| **ásványvíz** aaschwaanjwiis | Mineralwasser |
| **almalé** ålmålee | Apfelsaft |
| **gyümölcslé** djümöltschlee | (Frucht-)Saft |
| **tej** täj | Milch |
| **tea** täå | Tee |
| **kávé** kaawee | Kaffee |
| **presszó** präßßoo | Espresso |
| **dupla** duplå | doppelter Espresso |
| **pálinka** paalinkå | Schnaps |
| **tömény (ital)** tömeenj (itål) | Spirituosen |
| **üdítő (ital)** üdiitöö (itål) | Erfrischung |

## Lebensmittel

| Süßspeisen | |
|---|---|
| **sütemény** schütämeenj | Kuchen |
| **torta** tortå | Torte |
| **egy szelet** ädj ßälät | ein Stück *(Torte)* |
| **keksz** käkß | Keks |
| **csokoládé** tschokolaadee | Schokolade |
| **bonbon** bonbon | Bonbon |
| **fagylalt** fådjlålt | Speiseeis |
| **jégkrém** jeegkreem | Parfait |
| **gesztenyepüré** gäßtänjäpüree | Kastanienpüree |
| **minyon** minjon | Törtchen |

| Gewürze | |
|---|---|
| **fűszer** füüßär | Gewürz |
| **só** schoo | Salz |
| **bors** borsch | Pfeffer |
| **paprika** påprikå | Paprika(pulver) |
| **édes paprika** eedäsch påprikå | Paprika edelsüß *(nicht scharf)* |

| | |
|---|---|
| **csipős paprika** tschipöösch påprikå | Rosenpaprika *(scharf)* |
| **fokhagyma** fokhådjmå | Knoblauch |
| **cukor** zukor | Zucker |
| **kapor** kåpor | Dill |

| **Grundnahrungsmittel** | |
|---|---|
| **kenyér** känjeer | Brot |
| **rizs** rish | Reis |
| **tészta** teeßtå | Nudeln |
| **nokedli** nokädli | Nockerln |
| **kukorica** kukorizå | Mais |
| **tojás** tojaasch | Ei |
| **sajt** schåjt | Käse |
| **vaj** wåj | Butter |
| **krumpli** krumpli | Kartoffeln |

| **Gemüse** | |
|---|---|
| **zöldség** söldscheeg | Gemüse (roh) |
| **főzelék** föösäleek | Gemüse (gekocht) |
| **paradicsom** påråditschom | Tomate |
| **tök** tök | Kürbis |
| **paprika** påprikå | Paprikaschote |
| **sárgarépa** schaargåreepå | Karotte |
| **hagyma** hådjmå | Zwiebel |
| **bab** båb | Bohne |
| **saláta** schålaatå | Salat |
| **spenót** schpänoot | Spinat |
| **káposzta** kaapoßtå | Kohl, Kraut |
| **gomba** gombå | Pilz |
| **uborka** uborkå | Gurke |

| Früchte | |
|---|---|
| **gyümölcs** djümöltsch | Frucht, Obst |
| **cseresznye** tschäräßnjä | süße Kirsche |
| **meggy** mäddj | Sauerkirsche |
| **málna** maalnå | Himbeere |
| **sárgabarack** schaargåbåråzk | Aprikose |
| **őszibarack** öößibåråzk | Pfirsich |
| **szőlő** ßöölöö | Weintraube |
| **körte** körtä | Birne |
| **alma** ålmå | Apfel |
| **citrom** zitrom | Zitrone |
| **szilva** ßilwå | Pflaume |
| **dinnye** dinnjä | Melone |
| **eper** äpär | Erdbeere |

| Fleisch | |
|---|---|
| **hús** huusch | Fleisch |
| **hentesáru** häntäschaaru | Fleischwaren |
| **marhahús** mårhåhuusch | Rindfleisch |
| **disznóhús** dißnoohuusch | Schweinefleisch |
| **borjúhús** borjuuhuusch | Kalbfleisch |
| **baromfi** båromfi | Geflügel |
| **csirke** tschirkä | Huhn |
| **liba** libå | Gans |
| **libamáj** libåmaaj | Gänseleber |
| **rántott hús** raantott huusch | Schnitzel |
| **sonka** schonkå | Schinken |
| **felvágott** fälwaagott | Aufschnitt *(Wurst)* |
| **kolbász** kolbaaß | (Dauer-)Wurst, dünn |
| **szalámi** ßålaami | Salami |
| **virsli** wirschli | Wiener Würstchen |
| **hal** hål | Fisch |

*paniertes Fleisch*

## für zwischendurch

Auf der Straße wird neben Hot-Dog, Hamburgern usw. auch **lángos** laangosch *(in Öl frittierter Teig)* und **kukorica** kukorizå *(gedämpfter Mais)* angeboten. Außerdem gibt es viele Gelegenheiten, bei denen man schnell eine Kleinigkeit essen kann:

| | |
|---|---|
| **bisztró** bißtroo | Bistro |
| **büfé** büfee | Buffet, Cafeteria |
| **tejbár** täjbaar | Milchbar |
| **eszpresszó** äßpräßßoo | Kaffeehaus |
| **cukrászda** zukraaßdå | Konditorei |

**Egy ilyet kérek.**
ädj ijät keeräk
*ein solches(-Akk.) bitte(-ich)*
Geben Sie mir bitte eins davon!

## Restaurants

Wenn man richtig speisen will, hat man verschiedene Möglichkeiten:

| | |
|---|---|
| **csárda** tschaardå | volkstümliches Gasthaus, steht oft an Landstraßen |
| **halászcsárda** hålaaßtschaardå | Fischgaststätte |
| **vendéglő** wändeeglöö | Gasthof, abends oft mit Zigeunermusik |
| **étterem** eettäräm | Restaurant, oft etwas teurer |

*Mit einem Smartphone können Sie sich die mit einem gekennzeichneten Sätze dieses Kapitels anhören.*

| | |
|---|---|
| **pince** pinzä | Kellerlokal, in dem oft Zigeunermusik gespielt wird |
| **borozó** borosoo | Weinstube mit großem Angebot |
| **söröző** schörösöö | Bierstube |
| **italbolt** itålbolt | vom Volk kocsma kotschmå *(Kneipe)* genannt |
| **kifőzde** kiföösdä | kleiner privater Mittagstisch, Gerichte nach Hausfrauen-Art |
| **mulató** mulåtoo | Nachtlokal |

In Ungarn ist es üblich, dem Kellner Trinkgeld zu geben. Geht eine ungarische Familie in ein Restaurant, bekommt der Kellner 5 bis 10 % des Preises, wenn man mit ihm zufrieden gewesen ist.

**Szabad helyet foglalni?**
ßåbåd häjät foglålni
*darf Platz(-Akk.) besetzen*
Darf man Platz nehmen?

**Kérek egy étlapot!**
keeräk ädj eetlåpot
*bitte(-ich) eine Speisekarte(-Akk.)*
Ich bitte um eine Speisekarte!

**Ez finom / nagyon jó / erős / rossz.**
äs finom / nådjon joo / äröösch / roßß
*das fein / sehr gut / scharf / schlecht*
Das schmeckt gut / sehr gut / scharf / schlecht.

**Szeretnék valami finomat enni / inni.**
ßärätneek wålåmi finomåt änni / inni
*lieben-würde(-ich) etwas fein(Akk.) essen / trinken*
Ich möchte etwas Feines essen / trinken.

**Mit lehet enni?**
mit lähät änni
*was(-Akk.) kann essen*
Was gibt es zu essen?

**Van pörkölt nokedlival?**
wån pörkölt nokädliwål
*ist(-es) Gulasch Nockerln-mit*
Gibt es Gulasch mit Nockerln?

**Van marhahús?**
wån mårhåhuusch
*ist(-es) Rindfleisch*
Gibt es Rindfleisch?

**Igen, van.**
igän wån
*ja ist(-es)*
Ja, gibt es.

**Nincs, de van hal.**
nintsch dä wån hål
*nicht-ist(-es) aber ist(-er) Fisch*
Nein, aber es gibt Fisch.

**Kérek egy levest és egy szelet tortát.**
keeräk ädj läwäscht eesch ädj ßälät tortaat
*bitte(-ich) eine Suppe(-Akk.) und eine Scheibe Torte(-Akk.)*
Ich nehme eine Suppe und ein Stück Torte.

**Szeretnék egy adag tökfőzeléket.**
ßärätneek ädj ådåg tökföösäleekät
*lieben-würde(-ich) eine Portion Kürbisgemüse(-Akk.)*
Ich möchte eine Portion Kürbisgemüse.

## Zum Essen eingeladen sein

Wird man eingeladen, dann meistens nach Hause, und etwas zu essen gibt es da bestimmt. Es ist üblich, der Hausfrau oder dem Gastgeber eine Aufmerksamkeit wie Blumen oder etwas Süßes mitzubringen. Wein lieber nicht, das kann ins Auge gehen, weil viele Ungarn eigenen Wein haben, den sie mit Stolz anbieten wollen.

Da die Ungarn gern essen, sollte man bei Tisch nicht unbedingt Probleme ansprechen und ihnen damit das Essen verderben (für solche Themen ist eventuell später noch Zeit). Angesagt sind Witze und Nettigkeiten, hier kann man die gelernten Eigenschaftswörter ausprobieren.

© 3S

Jagdgeschäft in Buda

Vergessen Sie bloß nicht, das Essen mehrmals zu loben!

Als Gast wird immer zuerst Ihnen das Essen gereicht. Sie sollten wissen, dass dem Gast die besten Speisen, die im Haus sind, angeboten werden, selbst wenn hinterher eine Woche lang Schmalzbrot gegessen werden muss.

Kein Ungar lässt sich entgehen, mit Ihnen auf Ihr Wohl anzustoßen:

**egészségedre!**
ägeeßscheegädrä
*Gesundheit-dein-auf(Akk.)*
Auf dein Wohl!

Bitte unbedingt auf der ersten Silbe betonen und auf die Längen und Kürzen achten! Tut man das nicht und betont in der Mitte, hört es sich wie zwei Wörter an und heißt dann:

**egész seggedre!**
*ganz Arsch-dein-auf(Akk.)*
Auf deinen ganzen Arsch!

Andere wichtige Redewendungen sind noch:

| | | |
|---|---|---|
| **jó étvágyat** | joo eetwaadját | guten Appetit |
| **Tele vagyok.** | tälä wådjok | Ich bin voll / satt. |

**Nagyon köszönöm az ebédet / vacsorát!**
nådjon kößönöm ås äbeedät / wåtschoraat
*sehr danke-(ich)(best.) das Mittagessen(-Akk.) / Abendessen(-Akk.)*
Vielen Dank für das Mittagessen / Abendessen!

# Zu Gast sein

*Mit einem Smartphone können Sie sich die mit einem gekennzeichneten Sätze dieses Kapitels anhören.*

Die Ungarn haben gern Gäste. Ist man im Landesinnern unterwegs, kann es passieren, dass man spontan eingeladen wird.

**Német vagy?**
neemät wådj
Bist du Deutsche(r)?

**Igen.**
igän
Ja.

**Beszélsz magyarul?**
bäßeelß mådjårul
Sprichst du Ungarisch?

**Egy picit.**
ädj pizit
Ein bisschen.

**Honnan jössz?**
honnån jößß
Woher kommst du?

**Münchenből jövök.**
münchänbööl jöwök
Ich komme aus München.

**Hogy hívnak?**
hodj hiiwnåk
*wie rufen(-sie)*
Wie heißt du?

**X. Y. -nak hívnak.**
...-nåk hiiwnak
*x. y.-dem rufen(-sie)*
Ich heiße X. Y.

*Achtung: Beim Ortsnamen Budapest benutzt man nicht die Endungsserie des inneren Raums, sondern der Oberfläche („auf"):* Budapestre, Budapesten, Budapestről.

**Hova mész?**
howå meeß
Wohin gehst / fährst du?

**Budapestre megyek.**
budåpäschträ mädjäk
*Budapest-auf(Akk.) gehe(-ich)*
Ich gehe / fahre nach Budapest.

**Tetszik Magyarország?**
tätßik mådjårorßaag
*gefällt(-es) Ungarn*
Gefällt dir / Ihnen Ungarn?

**Igen, nagyon.**
igän nådjon
*ja sehr*
Ja, sehr gut.

**Gyere be, igyunk valamit!**
djärä bä idjunk wålåmit
Komm rein, trinken wir was!

**Jó, jövök.**
joo jöwök
Gut, ich komme.

**Kérsz enni?**
keerß änni
*bittest(-du) essen*
Möchtest du essen?

**Köszönöm, igen.**
kößönöm igän
*danke ja*
Ja, gern.

**Köszönöm, nem.**
kößönöm näm
*danke nein*
Nein, danke.

## Familienmitglieder

| | |
|---|---|
| **férfi** feerfi – **férj** feerj | Mann – Ehemann |
| **nő** nöö / **asszony** åßßonj | Frau |
| **feleség** fäläscheeg | Ehefrau |
| **gyerek** djäräk | Kind |
| **anya** ånjå – **apa** åpå | Mutter – Vater |
| **nagymama** nådjmåmå | Oma |
| **nagypapa** nådjpåpå | Opa |
| **nagybácsi** nådjbaatschi | Onkel |
| **nagynéni** nådineeni | Tante |
| **fiú** fiuu – **lány** laanj | Junge – Mädchen |
| **báty** baatj | großer Bruder |
| **öccs** öttschsch | kleiner Bruder |
| **nővér** nööweer | große Schwester |
| **húg** huug | kleine Schwester |
| **férjhez megy** feerjhäs mädj | Frau heiratet Mann |
| **megnősül** mägnööschül | Mann heiratet Frau |

## Zu Gast sein

Sollten Sie länger in einer Familie bleiben, bemühen Sie sich, nicht zur Last zu fallen. Bieten Sie im Haus oder auf dem Hof Ihre Hilfe an.

**Szabad segíteni?**
ßåbåd schägiitäni
*darf helfen*
Darf man helfen?

**Szabad ezt megnézni?**
ßåbåd äst mägneesni
*darf dies(-Akk.) anschauen*
Darf man das anschauen?

**Mit csinálsz egész nap?**
mit tschinaalß ägeeß nåp
*was(-Akk.) machst(-du) ganz Tag*
Was machst du den ganzen Tag?

**Szabad nekem is jönni?**
ßåbåd näkäm isch jönni
*darf mir auch kommen*
Darf ich auch mitkommen?

**Ez nehéz munka.**
äs nähees munkå
*dies schwer Arbeit*
Das ist schwere Arbeit.

**Ez könnyű munka.**
äs könjnjüü munkå
*dies leicht Arbeit*
Das ist leichte Arbeit.

**Milyen állataid vannak az istállóban?**
mijän aallåtåid wånnåk ås ischtaalloobån
*welche Tiere-dein sind(-sie) der Stall-in(Dat.)*
Welche Tiere hast du im Stall?

**Van a közelben esküvő vagy más ünnep?**
wån å kösälbän äschküwöö wådj maasch ünnäp
*ist die Nähe-in(Dat.) Hochzeit oder anderes Fest*
Ist in der Nähe eine Hochzeit oder ein anderes Fest?

**Kíváncsi vagyok.**
kiiwaantschi wådjok
*neugierig bin(-ich)*
Ich bin neugierig.

**Mutasd hogy kell csinálni!**
mutåschd hodj käll tschinaalni
*zeige(best.) wie muss machen*
Zeig mir, wie man das machen muss!

**Milyen idő lesz holnap?**
mijän idöö läß holnåp
*was-für Wetter wird-sein(-es) morgen*
Was für Wetter wird morgen sein?

### rund um den Bauernhof

| | |
|---|---|
| **ház** haas | Haus |
| **udvar** udwår | Hof |
| **kert** kärt | Garten |
| **istálló** ischtaalloo | Stall |
| **csűr** tschüür | Scheune |
| **konyha** konjhå | Küche |
| **főz** föös | kochen |
| **szoba** ßobå | Zimmer |
| **hálószoba** haalooßobå | Schlafzimmer |

| | |
|---|---|
| **ünnep** ünnäp | Fest |
| **esküvő** äschküwöö | Hochzeit |
| **tánc** taanz | Tanz |
| **zene** sänä | Musik |
| **munka** munkå | Arbeit |

| | |
|---|---|
| **dolgozik** dolgosik | arbeiten |
| **a földeken** å földäkän | auf den Feldern |
| **tüzet rak** tüsät råk | Feuer machen |
| **nehéz** nähees | anstrengend |
| **fej** fäj | melken |
| **elkészít** älkeeßiit | zubereiten |
| **zenél** säneel | musizieren |
| **lovagol** lowågol | reiten |
| **szed** ßäd | pflücken |

## Tiere

| | |
|---|---|
| **állat** aallåt | Tier |
| **ló** loo | Pferd |
| **liba** libå | Gans |
| **csirke** tschirkä | Huhn |
| **kacsa** kåtschå | Ente |
| **disznó** dißnoo | Schwein |
| **tehén** täheen | Kuh |
| **kutya** kutjå | Hund |
| **macska** måtschkå | Katze |
| **bárány** baaraanj | Schaf |
| **kecske** kätschkä | Ziege |
| **légy** leedj | Fliege |
| **szúnyog** ßuunjog | Mücke |
| **hal** hål | Fisch |
| **egér** ägeer | Maus |

# Übernachten

In Ungarn gibt es viele Hotels in allen Preisklassen. Falls sie ausgebucht sein sollten, kann man sich im Reisebüro auf jeden Fall eine Privatpension besorgen. Jugendherbergen und Campingplätze gibt es im ganzen Land. Es ist nicht gesagt, dass ein Campingplatz billiger ist als eine Privatunterkunft. Fragen lohnt sich hier! In den Hotels spricht man je nach Preisklasse sehr gut oder etwas Deutsch.

*Mit einem Smartphone können Sie sich die mit einem gekennzeichneten Sätze dieses Kapitels anhören.*

## im Reisebüro

**Van kiadó szobájuk két személyre?**
vån kiådoo ßobaajuk keet ßämeejrä
*ist(-es) ausgebendes Zimmer-euer zwei Personen-auf(Akk.)*
Haben Sie ein freies Zimmer für zwei Personen?

**Mennyibe kerül egy éjszakára / egy hétre?**
mänjnjibä kärül ädj eejßåkaarå / ädj heeträ
*wie viel-in(Akk.) kostet(-sie) eine Nacht-auf(Akk.) / eine Woche-auf(Akk.)*
Wie viel kostet es pro Nacht? / pro Woche?

**Van zuhany / reggeli?**
wån suhånj / räggäli
*ist(-es) Dusche / Frühstück*
Gibt es eine Dusche / Frühstück?

**Meddig marad(nak)?**
mäddig måråd(nåk)
*wie-lange-bis bleibt(-Sie) (bleiben(-Sie))*
Wie lange bleiben Sie?

**Két napig / hétig.**
keet nåpig / heetig
*zwei Tag-bis / Woche-bis*
Zwei Tage / Wochen.

## Privatpension

**Az IBUSZ*-tól jövünk.**
ås ibußtool jöwünk
*das IBUSZ-von kommen(-wir)*
Wir kommen vom IBUSZ. *(Reisebüro)*

**Szabad megnézni a szobát?**
ßåbåd mägneesni å ßobaat
*darf anschauen das Zimmer(-Akk.)*
Darf ich das Zimmer sehen?

**Nagyon tetszik. Kiveszem.**
nådjon tätßik kiwäßäm
*sehr gefällt(-es) miete(-ich)(best.)*
Sehr gut; ich miete es.

**Hol a fürdőszoba?**
hol å fürdöößobå
*wo das Badezimmer*
Wo ist das Bad?

**Kérem adjon egy kulcsot!**
keeräm ådjon ädj kultschot
*bitte(-ich)(best.) gebe-Sie ein Schlüssel(-Akk.)*
Bitte geben Sie (mir / uns) einen Schlüssel!

**Két napig / hétig maradunk itt.**
keet nåpig / heetig mårådunk itt
*zwei Tag-bis / Woche-bis bleiben(-wir) hier*
Zwei Tage / Wochen bleiben wir hier.

**Lehete kapni egy ... ?**
lähät kåpni ädj
*kann bekommen ein(e) ...*
Kann man ein(e) ... haben?

**Holnap / Délben elutazunk.**
holnåp / deelbän älutåsunk
*morgen / Mittag-in(Dat.) abreisen(-wir)*
Morgen / Am Mittag reisen wir ab.

*Man kann auch immer mit dem Finger auf das zeigen, was man möchte und Nebenstehendes sagen!*

## Camping

**Van hely egy sátornak és egy autónak?**
wån häj ädj schaatornåk eesch ädj åutoonåk
*ist(-er) Platz ein Zelt(-Dat.) und ein Auto(-Dat.)*
Gibt es hier einen Platz für Zelt und Auto?

**Lehet kisházat bérelni?**
lähät kischhaasåt beerälni
*kann klein-Haus(-Akk.) mieten*
Kann man Hütten mieten?

**Hol vannak a WC-k / mosdók?**
hol wånånak å weezeek / moschdook
Wo sind die Toiletten / Waschräume?

| | |
|---|---|
| **szálloda** ßaallodå / **hotel** hotäl | Hotel |
| **kiadó szoba** kiådoo ßobå | Privatpension |
| **camping** kämping | Camping |
| **szoba** ßobå | Zimmer |
| **ágy** aadj | Bett |

| | |
|---|---|
| **ágynemű** aadjnämüü | Bettwäsche |
| **hiányzik** hiaanjsik | es fehlt |
| **zuhany** suhånj | Dusche |
| **ablak** åblåk | Fenster |
| **hideg víz** hidäg viiz | Kaltwasser |
| **meleg víz** mäläg wiis | Warmwasser |
| **reggeli** räggäli | Frühstück |
| **sátor** schaator | Zelt |
| **faház** fåhaas | Holzhütte |
| **bérel** beeräl | mieten |
| **szappan** ßåppån | Seife |
| **takaró** tåkåroo | Decke |
| **törülköző** törülkösöö | Handtuch |
| **vécépapír** weezeepåpiir | Toilettenpapier |

## Toiletten

**Hol a WC?**
hol å weezee
*wo das WC*
Wo ist das WC?

**Nem találok WC-papírt.**
näm tålaalok weezeepåpiirt
*nicht finde(-ich) WC-Papier(-Akk.)*
Ich finde kein Toilettenpapier.

**Szeretnék kezet mosni.**
ßärätneek käsät moschni
*lieben-würde(-ich) Hand(-Akk.) waschen*
Ich möchte mir die Hände waschen.

Ein anderes, vornehm-verhüllendes Wort für Toilette ist: mosdó moschdoo *(Waschraum)*.

| | | | |
|---|---|---|---|
| **Férfi** | Männer | **Női** | Frauen |

# Einkaufen

Die Geschäfte in Budapest haben ziemlich große Preisunterschiede. Man bekommt alles billiger, wenn man sich ein bisschen von den Touristenzentren entfernt. Die typischen Boutiquen in den Hinterhöfen erlauben beim Preis oftmals einen Spielraum. Was aber nicht heißen soll, dass man feilschen könnte wie im Orient. Auf den Bauernmärkten bekommt man frisches Obst und Gemüse am günstigsten. Das Warenangebot ist gut, die kleineren Läden auf dem Land führen natürlich nur ein etwas eingeschränkteres Sortiment.

Supermärkte gibt es in großer Zahl; die meisten sind Ketten aus dem Ausland. Insbesondere die Discounter sind stark vertreten. Die Bezeichnung ÁBC stand ursprünglich für eine Kette staatlicher Selbstbedienungsläden in den Zeiten des Sozialismus und noch nach der Wende (Typ „Kaufhalle“). Heutzutage nennt man häufig Supermärkte ganz allgemein so. Typisch für Ungarn sind auch die riesigen „Hypermärkte“ am Stadtrand, vielfach von französische und britische Ketten.

Alkohol kann man am Morgen erst nach 9 Uhr kaufen.

*Mit einem Smartphone können Sie sich die mit einem 👂 gekennzeichneten Sätze dieses Kapitels anhören.*

| | |
|---|---|
| **közért** köseert | Lebensmittelgeschäft |
| **zöldért** söldeert | Obst- und Gemüsegeschäft |
| **ofotért** ofoteert | Fotogeschäft *usw.* |

An der Eingangstür kann man lesen:

| | |
|---|---|
| **tolni** tolni | drücken |
| **húzni** huusni | ziehen |
| **zárva** saarwå | geschlossen |
| **nyitva** njitwå | geöffnet |

## Geschäfte & Ladenaufschriften

| | |
|---|---|
| **bolt** bolt / **üzlet** üslät | Laden, Geschäft |
| **csemege** tschämägä | Lebensmittel |
| **hús** huusch / **hentesáru** häntäschaaru | Fleischwaren |
| **pék** peek / **kenyérbolt** känjeerbolt | Bäckerei |
| **könyvesbolt** könjwäschbolt | Buchladen |
| **trafik** tråfik / **dohány** dohaanj | Kiosk *(Tabak usw.)* |
| **háztartásibolt** haastårtaaschibolt | Haushaltswaren |
| **népművészet** neepmüüweeßät | Volkskunst |
| **utasellátó** utåschällaatoo | Bahnhofskiosk |
| **piac** piåz | Markt |
| **röltex** röltäkß | Kurzwaren |
| **keravill** käråwill | Elektroartikel |
| **vegyesbolt** wädjäschbolt | Dorfladen |
| **csarnok** tschårnok | Markthalle in Budapest |

**Szabad körülnézni?**
ßåbåd körülneesni
*darf umschauen*
Darf man sich umsehen?

**Mit parancsol?**
mit påråntschol
*was(-Akk.) befiehlt(-Sie)*
Womit kann ich Ihnen dienen?

**Valami kolbászfélét kérek.**
wålåmi kolbaaßfeeleet keeräk
*etwas Wurstartiges(-Akk.) bitte(-ich)*
Ich möchte irgendwelche Wurst.

**Ez finom és nem drága.**
äs finom eesch näm draagå
*dies fein und nicht teuer*
Das schmeckt gut und ist nicht teuer.

**Mennyit tetszik kérni?**
mänjnjit tätßik keerni
*wie-viel(-Akk.) gefällt(-es) bitten*
Wie viel möchten Sie?

**Tíz deka kolbászt és fél kiló kenyeret.**
tiis däkå kolbaaßt eesch feel kiloo känjärät
*zehn Deka Wurst(-Akk.) und halb Kilo Brot(-Akk.)*
100 Gramm Wurst und ein Pfund Brot.

**Mennyibe kerül?**
mänjnjibä kärül
*wie-viel-in(-Akk.) kostet(-es)*
Was kostet das?

**Szabad még valamit adni?**
ßåbåd meeg wålåmit ådni
*darf noch etwas(Akk.) geben*
Darf ich noch was geben?

**Köszönöm, ez minden.**
kößönöm äs mindän
*danke dies alles*
Danke, ich habe alles.

**Viszontlátásra!**
wißontlaataaschrå
*Wiedersehen-auf(Akk.)*
Auf Wiedersehen!

## auf dem Markt

Bauernmärkte mit Obst und Gemüse findet man im ganzen Land. Die Bauern lassen Sie auch gerne kosten. Wenn man dann doch nichts kauft, sollte man ein Lob als Dankeschön nicht vergessen!

© asafeliason@Fotolia.com

In der Markthalle von Budapest

**Szabad megkóstolni?**
ßåbåd mägkooschtolni
Darf man kosten?

**Természetesen!**
tärmeeßätäschän
Natürlich!

**Mennyibe kerül egy darab / egy kiló?**
mänjnjibä kärül ädj dåråb / ädj kiloo
*wie-viel-in(Akk.) kostet(-es) ein Stück / ein Kilo*
Was kostet ein Stück / ein Kilo?

**Ez nagyon finom.**
äs nådjon finom
*dies sehr lecker*
Das ist sehr lecker.

**Ez jóízű / zaftos.**
äs jooiisuu / såftosch
*dies wohlschmeckend / saftig*
Das ist schmackhaft / saftig.

**Ezt / Azt szeretném.**
äst / åst ßärätneem
*dies(-Akk.) / jenes(-Akk.) lieben-würde(-ich)(best.)*
Dies / Das möchte ich.

**Ezt szeretném megnézni.**
äst ßärätneem mägneesni
*dies(-Akk.) lieben-würde(-ich)(best.) anschauen*
Das möchte ich anschauen.

| | |
|---|---|
| **vesz** wäß | kaufen |
| **elad** älåd | verkaufen |
| **kínál** kiinaal | anbieten |
| **fizet** fisät | zahlen |
| **eladó / eladónő** älådoo(nöö) | Verkäufer/in |
| **ár** aar | Preis |
| **drága** draagå | teuer |
| **olcsó** oltschoo | billig |
| **túl drága** tuul draagå | zu teuer |
| **egy méter** ädj meetär | ein Meter |
| **pénz** peens | Geld |
| **aprópénz** åproopeens | Kleingeld |
| **papírpénz** påpiirpeens | Geldschein |
| **árengedmény** aarängädmeenj | Preisnachlass |
| **cucc** zuzz | Ding, Sache |
| **zacskó** ßåtschkoo | Tüte |
| **doboz** dobos | Schachtel |
| **fajta** fåjtå | Art |
| **csúnya** tschuunjå | hässlich |
| **kevesebb(et)** käwäschäbb(ät) | weniger *(Akk.)* |
| **több(et)** többät) | mehr *(Akk.)* |
| **valamit** wålåmit | etwas (davon) |
| **inkább ezt** inkaabb äst | lieber dies *(Akk.)* |

## Souvenirs

| | |
|---|---|
| **anyag (...-nak)** ånjåg | Stoff (für ...) |
| **hímzés** hiimseesch | Stickerei |
| **terítő** täriitöö | Decke |
| **bonbon** bonbon | Pralinen |
| **párna** paarnå | Kissen |
| **kerámia** käraamiå | Keramik |
| **kancsó** kåntschoo | Krug |
| **pohár** pohaar | Glas |
| **tányér** taanjeer | Teller |
| **hanglemez** hånglämäs | Schallplatte |
| **fűszerpaprika** füüßärpåprikå | Paprika(pulver) |
| **öv** öw | Gürtel |
| **kalap** kålåp | Hut |
| **ridikül** ridikül | Handtasche |
| **ruha** ruhå | Kleid |
| **blúz** bluus | Bluse |
| **szoknya** ßoknjå | Rock |
| **nagyobb(at)** nådjobb(åt) | größer *(Akk.)* |
| **kisebb(et)** kischäbb(ät) | kleiner *(Akk.)* |
| **pont jó** pont joo | es passt |
| **szín** ßiin | Farbe |
| **fazon** fåson) | Form |
| **négyszögletes** needjßöglätäsch | viereckig |
| **kerek** käräk | rund |

# Am Abend

Wenn man nicht gerade in einem kleinen Dorf ist, hat man viele Möglichkeiten, seinen Abend angenehm zu verbringen. Es gibt ein großes kulturelles Angebot; für jeden Geschmack ist etwas dabei. Allein Budapest hat über 25 Theater, mehr als 100 Kinos und über 1000 Restaurants.

Ein Theater- oder Konzertbesuch ist nicht teuer. Sollte man keine Karte im Vorverkauf bekommen, kann man es an der Abendkasse probieren. Es gehört zur ungarischen Gastfreundschaft, eine Karte aufzutreiben, wenn es irgendwie möglich ist. Montags sind die Theater geschlossen.

Will man Zigeunermusik live hören, muss man in einen Weinkeller oder in eine csárda gehen.

**Hova megyünk ma este?**
howå mädjünk må äschtä
*wohin gehen(-wir) heute Abend*
Wohin gehen wir heute Abend?

| | |
|---|---|
| **színház(ba)** ßiinhaas | (ins) Theater |
| **bábszínház(ba)** baabßiinhaas | (ins) Puppentheater |
| **cirkusz(ba)** zirkuß | (in den) Zirkus |
| **koncert(re)** konzärt | (auf das) Konzert |
| **opera (operába)** opärå | (in die) Oper |
| **balett(re)** bålätt | (in das) Ballett |

| | |
|---|---|
| **táncház(ba)** taanzhaas | (zum) Volkstanz |
| **mozi(ba)** mosi | (in das) Kino |
| **diszkó(ba)** dißkoo | (in die) Disco |
| **étterem(be)** eettäräm | (in das) Restaurant |
| **söröző(be)** schörösöö | (in die) Bierstube |
| **borozó(ba)** borosoo | (in die) Weinstube |
| **vendégség(be)** wändeegscheeg | (zu) Besuch |

**Van kedved moziba menni?**
wån kädwäd mosibå männi
*ist(-sie) Lust-deine Kino-in(Akk.) gehen*
Hast du Lust, ins Kino zu gehen?

**Hol van a színház a városban?**
hol wån å ßiinhaas å waaroschbån
*wo ist(-es) das Theater die Stadt-in(Dat.)*
Wo ist das Theater in der Stadt?

**Ma mit játszanak?**
må mit jaatßånåk
*heute was(-Akk.) spielen(-sie)*
Was wird heute gespielt?

**Mikor kezdődik az előadás?**
mikor käsdöödik ås älööådaasch
Wann beginnt die Vorstellung?

**Hogy tetszik a zene?**
hodj tätßik å sänä
Wie gefällt dir die Musik?

© 3S

Blick von Buda nach Pest

**Kérek két jegyet a(z) ... előadásra.**
keeräk keet jädjät å(s) ... älööådaaschrå
*bitte(-ich) zwei Karte(-Akk.) die ... Vorstellung-auf(Akk.)*
Ich möchte zwei Karten für die ... Vorstellung.

| | |
|---|---|
| **következő** köwätkäsöö | nächster (-e, -es) |
| **utolsó** utolschoo | letzter (-e, -es) |
| **holnapi** holnåpi | morgiger (-e, -es) |
| **hat órás** håtooraasch | 6-Uhr- *(Vorstell.)* |

**Mennyibe kerül egy jegy?**
mänjnjibä kerül ädj jädj
*wie-viel-in(Akk.) kostet(-sie) eine Karte*
Was kostet eine Karte?

# Liebesgeflüster

Ich habe ja schon erwähnt, dass die Ungarn gern Komplimente machen und auch hören. Sollte man also die Absicht haben, „ihr" oder „ihm" näher zu kommen, führt kein Weg daran vorbei. Da die Annäherungsgeschwindigkeit in der Disco am schnellsten sein soll, gebe ich einige Satzbeispiele dafür:

**Táncolunk?**
taanzolunk
*tanzen(-wir)*
Tanzen wir?

**Én Péter vagyok, és te?**
een peetär wådjok eesch tä
*ich Peter bin(-ich) und du*
Ich bin Peter, und du?

Beim Tanzen kann man mit Worten unterstreichen, was die Augen bereits sagen:

**Csinos vagy.**
tschinosch wådj
*hübsch bist(-du)*
Du bist hübsch.

**Jól mozogsz.**
jool mosogß
*gut bewegst-dich(-du)*
Du bewegst dich gut.

**Szép a hajad.**
ßeep å håjåd
*schön das Haar-dein*
Du hast schöne Haare.

**Szép a szemed.**
ßeep å ßämäd
*schön das Auge-dein*
Du hast schöne Augen.

**Jó az alakod.**
joo ås ålåkod tätßäl näkäm
*gut die Figur-deine*
Du hast eine gute Figur.

**Tetszel nekem.**
tätßäl näkäm
*gefällst(-du) mir*
Du gefällst mir.

Möchte man mit jemandem schlafen, muss man das elegant umschreiben, denn jede direkte Äußerung gilt als sehr phantasie- und taktlos. Kein Ungar würde so etwas direkt fragen. Übrigens wird das Wort „schlafen" für diesen Zweck im Ungarischen gar nicht benutzt, sondern lefeküdni *(sich hinlegen)*. Man könnte beispielsweise fragen:

**Jössz hozzám egy kávéra?**
jößß hossaam ädj kaaweerå
*kommst(-du) zu-mir ein Kaffee-auf(Akk.)*
Kommst du zu mir Kaffee trinken?

**Szeretnéd velem tölteni az éjszakát?**
ßärätneed wäläm töltäni ås eejßåkaat
*lieben-würdest(-du)(best.) mit-mir verbringen die Nacht(-Akk.)*
Möchtest du die Nacht mit mir verbringen?

**Hiszel a szerelemben elsö látásra?**
hißäl å ßärälämbän älschöö laataaschrå
*glaubst(-du) die Liebe-in(Dat.) erster Blick-auf(Akk.)*
Glaubst du an die Liebe auf den ersten Blick?

**Vagy elsétáljak elötted még egyszer?**
vådj älscheetaaljåk älöttäd meeg adjßär
*oder vorbeispazieren-soll(-ich) vor-dir noch einmal*
Oder soll ich noch einmal vor dir vorbeispazieren?

# Sport

In Ungarn ist der Sport ein Kult. Demzufolge findet man im ganzen Land unzählige Sportmöglichkeiten. Sieht man eine Gruppe Ball spielen, kann man ohne weiteres fragen, ob man mitspielen darf, was bestimmt nicht abgelehnt wird! Zwei Sportarten kann man in Ungarn besonders gut ausüben: Schwimmen und Reiten.

Zusätzlich zum Balaton *(Plattensee)* gibt es sowohl in Budapest als auch auf dem Land viele sehr schön angelegte Thermalbäder, einige noch aus der Türkenzeit. Man kann dort auch im Winter draußen schwimmen.

Reiten hat in Ungarn eine tausendjährige Tradition. Es macht riesigen Spaß, auf den erstklassigen Pferden durch die Pusztalandschaft zu reiten.

| | |
|---|---|
| **focizik** fozisik | Fußball spielen |
| **labdázik** låbdaasik | Ball spielen |
| **fürdik** fürdik – **úszik** uußik | baden – schwimmen |
| **lovagol** lowågol | reiten |
| **ménes** meenäsch | Gestüt |
| **kantár** kåntaar – **nyereg** njäräg | Zaumzeug – Sattel |
| **vitorlázik** witorlaasik | segeln |
| **szörföl** ßörföl | surfen |
| **biciklizik** biziklisik | Rad fahren |
| **sakkozik** schåkkosik | Schach spielen |
| **pecázik** päzaasik | angeln |
| **fürdőruha** fürdööruhå | Badeanzug |

| | |
|---|---|
| **medence** mädänzä | Schwimmbecken |
| **napozik** nåposik | sich sonnen |
| **szauna** ßåunå | Sauna |
| **szekrény** ßäkreenj | Schrank |
| **játék** jaatäk | Spiel |
| **tenisz** täniß – **pingpong** pingpong | Tennis – Tischtennis |

**Van török fürdő a városban?**
wån török fürdöö å waaroschbån
*ist(-es) türkisch Bad die Stadt-in(Dat.)*
Gibt es ein türkisches Bad in der Stadt?

**Mikor van nyitva?**
mikor wån njitwå
*wann ist(-es) geöffnet*
Wann ist es geöffnet?

**Kérek egy jegyet az uszodába.**
keeräk ädj jädjät ås ußodaabå
*bitte(-ich) eine Karte(-Akk.) das Schwimmbad-in(Akk.)*
Ich möchte eine Karte für das Schwimmbad.

**Hol lehet átöltözni?**
hol lähät aatöltösni
*wo kann umziehen*
Wo kann man sich umziehen?

**Hideg a víz?**
hidäg å wiis
*kalt das Wasser*
Ist das Wasser kalt?

**Nem, nagyon kellemes / langyos.**
näm nådjon källämäsch / låndjosch
Nein, es ist sehr angenehm / lauwarm.

**Beugrani tilos!**
bä-ugråni tilosch
Springen verboten!

**Fürdeni tilos**
fürdäni tilosch
Baden verboten!

# Ämter

*Somit gibt es im Normalfall keine Grenzkontrollen zu Österreich, Slowenien und zur Slowakei sowie im Flugverkehr aus Westeuropa meht. Für die übrigen Nachbarländer Ungarns gilt das aber nicht.*

Am Zoll und auf Ämtern spricht immer jemand Deutsch. Die Formulare für Ausländer sind mehrsprachig. Ungarn gehört seit 2004 der Europäischen Union und seit 2007 der Schengen-Zone an..

**Kérem mutassa az igazolványát!**
keeräm mutåschschå ås igåsolwaanjaat
*bitte(-ich)(best.) zeige-Sie(best.)*
*der Ausweis-Ihr(-Akk.)*
Bitte zeigen Sie mir Ihren Ausweis!

*Auch wenn Ungarn zur Zollunion gehört, kann man diese Fragen bei der Einreise von außerhalb der EU zu hören bekommen.*

**Van valami elvámolnivalója?**
wån wålâmi älwaamolniwâloojå
*ist(-es) etwas verzollbar-Ihr*
Haben Sie etwas zu verzollen?

**Ez az áru vámköteles!**
äs åz aaru waamkötäläsch
*diese die Ware zollpflichtig*
Diese Ware ist zollpflichtig!

© mayabuns@Fotolia.com

Forint-Scheine

## bel der Polizei

**Elloptak tőlem valamit.**
älloptåk tööläm wålåmit
*stahlen(-sie) von-mir etwas(-Akk.)*
Man hat mich bestohlen.

**Hol van a rendőrség?**
hol wån å rändöörscheeg
Wo ist die Polizei?

**Feljelentést szeretnék tenni.**
fäljälänteescht ßärätneek tänni
*Anzeige(-Akk.) lieben-würde(-ich) machen*
Ich möchte Anzeige erstatten.

**Mikor érkezett Magyarországra?**
mikor eerkäsätt mådjårorßaagrå
*wann ankam(-Sie) Ungarn-auf(Akk.)*
Wann sind Sie in Ungarn angekommen?

*Achtung: Der Ländername „Ungarn“ verlangt nicht die Endungsserie des inneren Raums, sondern der Oberfläche („auf Ungarland“).*

**Két hete vagyok Magyarországon.**
keet hätä wådjok mådjårorßaagon
*zwei Wochen-seit bin(-ich) Ungarn-auf(Dat.)*
Ich bin seit zwei Wochen in Ungarn.

**Szeretnék bejelenteni egy balesetet.**
ßärätneek bäjäläntäni ädj båläschätät
*lieben-würde(-ich) anmelden ein Unfall(-Akk.)*
Ich möchte einen Unfall melden.

**Tudna kérem egy jelentést írni a biztosító számára?**
tudnå keeräm ädj jälänteescht iirni å bistoschiitoo ßaamaarå
*könnte(-Sie) bitte(-ich)(best.) ein Protokoll(-Akk.) schreiben die Versicherung für*
Könnten Sie bitte ein Protokoll für die Versicherung ausstellen?

| | | |
|---|---|---|
| **rendőrség** | rändöörscheeg | Polizei |
| **kapitányság** | kåpitaanjschaag | Polizeiwache |
| **beutazás** | bä-utåsaasch | Einreise |
| **kiutazás** | kiutåsaasch | Ausreise |
| **útlevél** | uutläweel | Reisepass |
| **főnök** | föönök | Vorgesetzte |
| **űrlap** | üürlåp | Formular |
| **jogosítvány** | jogoschiitwaanj | Führerschein |
| **engedély** | ängädcoj | Erlaubnis |
| **konzulátus** | konsulaatusch | Konsulat |
| **nagykövetség** | nådjköwätscheeg | Botschaft |
| **mininiszter** | minißtär | Minister |
| **minisztérium** | minißteerium | Ministerium |
| **feljelentés** | fäljälänteesch | Anzeige |

*Versteht man etwas nicht, fragt man:*

**Ez mit jelent?**
äs mit jälänt
*dies was(-Akk.) bedeutet(-es)*
Was bedeutet das?

## auf der Post

Post heißt posta poschtå, die ungarischen Briefkästen sind rot. Wenn man einen Brief nach Deutschland aufgibt, kann man sich kurz fassen und braucht man nur Németországba neemätorßaagbå zu sagen.

**Szeretnék bélyeget Németországba.**
ßärätneek beejägät neemätorßaagbå
*lieben-würde(-ich) Briefmarke(-Akk.) Deutschland-in(Akk.)*
Ich möchte Briefmarken nach Deutschland.

**Levélre vagy képeslapra?**
läweelrä wådj keepäschlåprå
*Brief-auf(Akk.) oder Postkarte-auf(Akk.)*
Für einen Brief oder für eine Postkarte?

| | |
|---|---|
| **levél** läweel | Brief |
| **képeslap** keepäschlåp | Ansichtskarte |
| **csomag** tschomåg | Paket |
| **bélyeg** beejäg | Briefmarke |
| **légiposta** leegiposchtå | Luftpost |
| **telefonál** täläfonaal | telefonieren |
| **táviratozik** taawiråtosik | ein Telegramm abschicken |
| **poste restante** poßt räßtånt | postlagernd |
| **utalvány** utålwaanj | Postanweisung |

## Telefonieren

Ortsgespräche können von Münzfernsprechern aus geführt werden. Ferngespräche nur, wenn auf dem Apparat nemzetközi nämsätkösi *(international)* draufsteht. Die Gebrauchsanweisung ist bebildert. Sollten Sie nicht zurechtkommen, fragen Sie einen Passanten!

**Tetszik segíteni felhívni ezt a számot?**
tätzik schägiitäni fälhiiwni äst å ßaamot
*gefällt(-es) helfen anrufen diese(-Akk.)*
*die Nummer(-Akk.)*
Können Sie mir helfen, diese Nummer anzurufen?

*Das Handy heißt im Ungarischen* mobil.

In Budapest gibt es ein internationales Fernmeldeamt an der Ecke Petőfi Sándor utca und Martinelli tér. Es ist Montag bis Freitag von 7 bis 21 und Samstag bis 19 Uhr geöffnet.

**Szeretnék Németországba telefonálni.**
ßärätneek neemätorßaagbå täläfonaalni
*lieben-würde(-ich) Deutschland-in(Akk.) telefonieren*
Ich möchte in Deutschland anrufen.

**Melyik város?**
mäjik waarosch
Welche Stadt?

**Itt a szám.**
itt å ßaam
Hier ist die Nummer.

**telefonszám**
täläfonßaam
Telefonnummer

**hívószám**
hiiwooßaam
Vorwahl

**nemzetközi hívószám ...-ba**
nämsätkösi hiivooßaam ...-bå
internationale Vorwahl für ...

Wer lieber Emails verschickt oder empfängt, kann in allen größeren Städten ein Internet-Café dafür finden. Auch Hotspots für WLAN sind vorhanden.

**Hol van a legközelebbi internet-kávézó?**
hol wån å lägközäläbbi intärnät-kaaweesoo
Wo ist das nächste Internet-Café?

## Ländernamen

| | |
|---|---|
| **Bulgária** bulgaariå | Bulgarien |
| **Németország** neemätorßaag | Deutschland |
| **Franciaország** frånziåorßaag | Frankreich |
| **Svájc** schwaajz | Schweiz |
| **Olaszország** olåßorßaag | Italien |
| **Ausztria** åußtriå | Österreich |
| **Horvátország** horwaatorßaag | Kroatien |
| **Lengyelország** ländjälorßaag | Polen |
| **Románia** romaaniå | Rumänien |
| **Oroszország** oroßorßaag | Russland |
| **Spanyolország** schpånjolorßaag | Spanien |
| **Hollandia** hollåndiå | Niederlande |
| **Törökország** törökorßaag | Türkei |
| **Anglia** ångliå | England |
| **Szerbia** ßärbiå | Serbien |
| **Ukrajna** ukråjnå | Ukraine |

**...-ból jövök.**
...-bool jöwök
*...-aus komme(-ich)*
Ich komme aus ...

**...-ba megyek tovább.**
...-bå mädjäk towaabb
*...-in(Akk.) fahre(-ich) weiter*
Ich fahre nach ... weiter.

## Bei der Bank

Geld kann man in Sparkassen (OTP), Banken oder Hotels wechseln oder aus dem Geldautomaten ziehen.

| | |
|---|---|
| **bank** bånk | Bank |
| **vált** waalt | wechseln |
| **átutal** aatutål | überweisen |
| **árfolyam** aarfojåm | Wechselkurs |
| **aláírás** ålaaiiraasch | Unterschrift |
| **csekk** tschäkk | Scheck |
| **úticsekk** uutitschäkk | Reisescheck |
| **bankautomata** bånkåutomåtå | Geldautomat |

**Szeretnék száz eurót / svájci frankot váltani.**
ßärätneek ßaas neemät äuroot / schwaajci frånkot waaltåni
*lieben-würde(-ich) 100 Euro(-Akk.) / Schweizer Franken(-Akk.) wechseln*
Ich möchte gern 100 Euro / Schweizer Franken wechseln.

Selbstverständlich kann man sich auch mit der Kreditkarte Bargeld besorgen oder in vielen Geschäften direkt damit bezahlen.

**Fizethetek hitelkártyavál?**
fizäthätäk hitälkaartjåwaal
*zahlen-kann(-ich) Kreditkarte-mit*
Kann ich mit Kreditkarte bezahlen?

# Krank sein

Der Erste-Hilfe-Dienst (mentők) ist in Ungarn kostenlos. Behandlungen in der Poliklinik oder im Krankenhaus muss man bezahlen. Es ist üblich, dem Arzt ein Trinkgeld oder ein Geschenk (alkoholische Getränke, Pralinen) zu geben. Als Bestechung wird so etwas nicht empfunden.

**Hol találok egy orvost?**
hol tålaalok ädj orwoscht
*wo finde(-ich) ein Arzt(-Akk.)*
Wo finde ich einen Arzt?

**Hogy van?**
hodj wån
*wie ist(-Sie)*
Wie geht es Ihnen?

**Hol fáj?**
hol faaj
*wo schmerzt(-es)*
Wo tut es weh?

**Mi a baja?**
mi å båjå
*was das Leiden(-Ihr)*
Was fehlt Ihnen?

**Fáj a fülem / lábam / gyomrom / torkom / fogam.**
faaj å füläm / laabåm / djomrom / torkom / fogåm
Mein Ohr / Fuß / Magen / Hals / Zahn tut weh.

**Hánytam.**
haanjtåm
Ich habe erbrochen.

**Lázas vagyok.**
laasåsch wådjok
*fiebrig bin(-ich)*
Ich habe Fieber.

**Megfáztam.**
mägfaaståm
Ich habe mich erkältet.

**Nem érzem jól magam.**
näm eersäm jool mågåm
*nicht fühle(-ich)(best.) gut(Umst.) selbst-mein*
Ich fühle mich nicht gut.

# Krank sein

| | |
|---|---|
| **orvos** orwosch | Arzt |
| **fogorvos** fogorwosch | Zahnarzt |
| **kezelés** käsäleesch | Behandlung |
| **beteg** bätäg | krank |
| **betegség** bätägscheeg | Krankheit |
| **kórház** koorhaas | Krankenhaus |
| **ápolónő** aapoloonöö | Krankenschwester |
| **betegbiztosítás** bistoschiitaasch | Krankenversicherung |
| **recept** räzäpt | Rezept |
| **gyógyszertár** djoodjßärtaar | Apotheke |
| **injekció** injäkzioo | Spritze |
| **gyógyszer** djoodjßär | Medikament |
| **tabletta** tåblättå | Tablette |
| **cseppek** tschäppäk | Tropfen |
| **kenőcs** känöötsch | Salbe |
| **oltás** oltaasch | Impfung |
| **fertőzés** färtööseesch | Infektion |
| **influenza** influänså | Grippe |
| **fejfájás** fäjfaajaasch | Kopfschmerzen |
| **hasfájás** håschfaajaasch | Bauchschmerzen |
| **torokfájás** torokfaajaasch | Halsschmerzen |
| **fogfájás** fogfaajaasch | Zahnschmerzen |
| **fülfájás** fülfaajaasch | Ohrenschmerzen |
| **láb** laab – **kar** råk | Bein – Arm |
| **eltörött** ältörött | gebrochen |
| **kificamodott** kifizåmodott | verstaucht |
| **elvág** älwaag | (sich) schneiden |
| **elesik** äläschik | stürzen, hinfallen |

**Elestem.**
äläschtäm
Ich bin gestürzt.

# Literaturhinweise

Falls Sie weiterlernen wollen, schauen Sie sich nach deutschsprachigen oder „internationalen“ Lehrbüchern in Ungarn um! Sie sind dort günstig zu bekommen. Die altbewährten Klassiker unter den Lehrbüchern (ggf. auch für Selbstlerner) findet man gelegentlich noch im Online-Antiquariatshandel:

*Diese Bücher und Schriften sind nicht über den Reise Know-How Verlag erhältlich. Bitte wenden Sie sich an Ihre Buchhandlung oder eine Bibliothek!*

Sándor Mikesy: **Ungarisches Lehrbuch** (Akadémiai Kiadó Budapest).
Károly Ginter & László Tarnói: **Ungarisch für Ausländer** (Tankonykiadó Budapest).

VHS-orientierte Lehrwerke nach der kommunikativen Methode aus deutschen Verlagen sind **Szia! neu** und **Szóbeszéd** (Klett-Verlag) sowie **Szituációk** (Hueber Verlag). Diese Lehrbücher sind eher für das Gruppenlernen gedacht. Sehr zu empfehlen ist der beim Assimil Verlag erschienene Selbstlern-Sprachkurs **Ungarisch ohne Mühe** (Lehrbuch und vier Audio-CDs, ISBN: 978-3896254009). Weitere Informationen finden Sie unter **www.assimil.de**

**Wörterbücher** gibt es in verschiedenen Größen u. a. von Pons und Langenscheidt sowie von ungarischen Verlagen. Auch hier gilt: Schauen Sie sich auch in Ungarn danach um!

# Weitere Titel

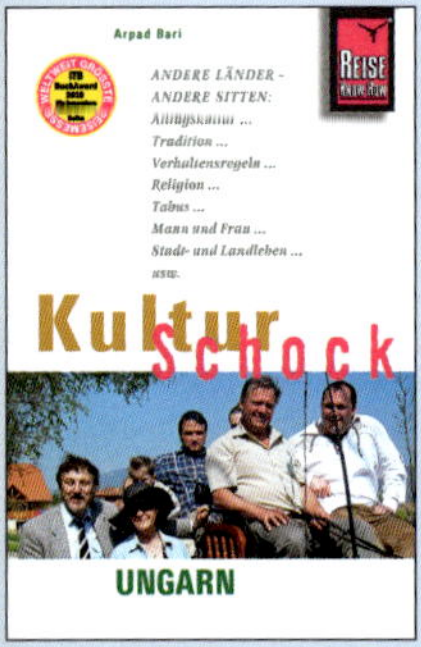


## KulturSchock Ungarn

Apad Bari
**ISBN 978-3-8317-1383-7**
208 Seiten | **14,90 Euro [D]**

- Die fundierten Kulturführer skizzieren gesellschaftliche Hintergründe und Entwicklungen
- Sie erklären fremde Denk- und Lebensweisen
- Sie geben eine Orientierung im Reisealltag
- Sie beschreiben in ausführlichen Kapiteln historische, religiöse und soziale Hintergründe
- Sie liefern wichtige Hinweise für Umgangsformen, Sitten und Tabus im Gastland
- Denn interkulturelles Verständnis löst auf diesem Weg Vorurteile, Verwirrung und Distanzierung
- Hilfreich zur Vorbereitung auf eine Reise und beim tatsächlichen Aufenthalt vor Ort

**www.reise-know-how.de**

# für die Region

## von REISE KNOW-HOW

**Ungarn**
Mirko Kaupat
**978-3-8317-2838-1**
456 Seiten | 19,90 Euro [D]

25 detaillierte Karten und Stadtpläne
Zahlreiche Exkurse und Info-Kästen

**CityTrip Budapest**
Gergely Kispál
**978-3-8317-2651-6**

11,95 Euro [D]

**Reisen? We know how!**

# Schnell & einfach die Landessprache lernen mit Kauderwelsch Sprachführern von Reise Know-How

**Kauderwelsch Kroatisch**
978-3-8317-6498-3
Band 98 | 192 Seiten

**Kauderwelsch Polnisch**
978-3-8317-6467-9
Band 35 | 176 Seiten

**Kauderwelsch Slowenisch**
978-3-8317-6420-4
Band 69 | 160 Seiten

**Kauderwelsch Tschechisch**
978-3-8317-6438-9
Band 32 | 112 Seiten

www.reise-know-how.de Reisen? We know how!

# Mit Reise Know-How ans Ziel

**Landkarten**

**aus dem *world mapping project*™ bieten beste Orientierung – weltweit.**

**Landkarte**
**Ungarn**
**West 1:350.000**
**ISBN 978-3-8317-7244-5**
**8,90 Euro [D]**

- Aktuell über **190** Titel lieferbar
- Optimale Maßstäbe
- 100%ig wasserfest
- Praktisch unzerreißbar
- Beschreibbar wie Papier
- GPS-tauglich

# Wortliste Deutsch – Ungarisch

© 3S

Kettenbrücke, Budapest

*Diese Wörterliste enthält einen Grundwortschatz von etwa 1000 Einträgen, mit denen man schon eine ganze Menge anfangen kann. Wörter, die man in den Einzelkapiteln findet, sind hier nicht immer mitaufgeführt. Die alphabetische Sortierung der Stichwörter richtet sich auch bei ungarischen Wörtern nach der gängien deutschen Praxis (betrifft lange Vokale, „Umlaute" und Konsonantenkombinationen).*

## A

**Abend** este
**Abendessen** vacsora
**abends** este
**aber** de
**Abfahrt** elutazás, indulás
**abgeben** lead
**abhängen (von etw.)** függ (-tól/-től)
**ablegen** letesz
**Abonnement** bérlet
**Abreise** elutazás
**abreisen** elutazik
**Abschied** búcsú
**Absender** feladó
**Abteilung** osztály
**Achtung** vigyázat
**Adresse** cím
**ähnlich** hasonló
**alle** mind
**allein** egyedül
**alles** minden
**allgemein: im allgemeinen** általában
**Alltag** hétköznap
**als (Vergl.)** mint
**als (zeitl.)** mikor
**also** tehát
**alt** öreg
**Alte (Frau)** öregasszony
**Alter (Lebens-)** kor
**Alter (Mann)** öreg ember
**Amt** hivatal
**amüsieren, sich** mulat
**anbieten** ajánl
**anderer** más
**ändern** megváltoztat
**anderswo** máshol
**anderthalb** másfél
**Anfang** kezdet
**anfangen** kezd
**anfreunden, sich** barátkozik
**Angelegenheit** ugy
**angenehm** kellemes
**Angestellter** alkalmazott
**Angst** félelem
**Ankleidekabine** próbafülke
**ankommen** érkezik, megjön
**Ankunft** érkezés
**anprobieren** felpróbál
**anstatt** helyett
**ansteckend** fertőző
**Ansteckung** fertőzés
**Antwort** felelet
**antworten** felel
**Anzeige** hirdetés
**anziehen** felvesz
**anzünden** meggyújt
**Apfel** alma
**Appetit** étvágy
**applaudieren** tapsol
**Aprikose** sárgabarack
**Arbeit** munka
**arbeiten** dolgozik
**Arbeiter** dolgozó
**ärgern, sich** bosszankodik
**arm** szegény
**Arm** kar
**Artikel** cikk
**Arzt** orvos
**auch** is
**auch: au. nicht** sem

**Aufführung** előadás
**aufgeben** felad
**aufmachen** kinyit
**aufpassen** vigyáz
**aufstehen** feláll
**aufsteigen** felszáll
**aufwachen** felébred
**aufwecken** felkelt
**Auge** szem
**Ausdruck** kifejezés
**Ausflug** kirándulás
**Ausgang** kijárat
**aushalten** kitart
**Auskunft** felvilágosítás
**Ausland** külföld
**Ausländer** külföldi
**ausländisch** külföldi
**Ausnahme** kivétel
**ausruhen, sich** pihen
**außerdem** azonkívül
**außerhalb** kívül
**Aussicht** kilátás
**aussuchen** kikeres
**Auswahl** választék
**Ausweis** igazolvány
**ausziehen** levesz
**Auto** autó
**Autobahn** autópálya
**Autobus** autóbusz

## B

**Badeanzug** fürdőruha
**Badehose** fürdőnadrág
**baden** fürdik
**Badezimmer** fürdőszoba
**Bahn** pálya
**Bahnhof** pályaudvar
**bald** nemsokára
**Ball** labda
**Ballett** balett
**Band** szalag
**Band (Buch)** kötet
**Bank** bank
**Bart** szakáll
**Batterie** elem
**Bauch** has
**bauen** épít
**Bauer** paraszt
**Baum** fa
**Baustelle** építkezés
**Beamter** tisztviselő
**bedauern** sajnál
**bedenken** meggondol
**befehlen** parancsol
**beginnen** elkezd
**begleiten** elkísér
**beide** mindkettő
**Bein** lábszár
**Beispiel** példa
**Beispiel: zum B.** például
**bekommen** kap
**Benehmen** viselkedés
**benutzen** használ
**Benzin** benzin
**beobachten** megfigyel
**bequem** kényelmes
**bereit** kész
**Berg** hegy
**Beruf** hivatás
**berühmt** híres
**Beschwerde** panasz
**Besen** söprű
**besetzt** foglalt
**besonders** különös
**besprechen** megbeszél
**Besuch** látogató
**besuchen** látogat
**Betrieb** üzem
**Bett** ágy
**Betttuch** lepedő
**Bettwäsche** ágynemű
**Bewohner** lakos
**Bezirk** kerület
**Baustelle** építkezés
**Bier** sör
**Bier: B. trinken** sörözik
**billig** olcsó
**binden** köt
**Birne** körte
**bis** -ig, míg
**bitte** kérem, tessék
**bitten** kér
**blasen** fúj
**Blatt** lap
**blau** kék
**Bleistift** ceruza
**blicken** tekint
**Blitz** villám
**blitzen** villámlik
**blond** szőke
**blühen** virágzik
**Blume** virág
**Blut** vér
**Bohne** bab
**bohren** fúr
**Bonbon** bonbon
**böse** mérges
**Botschaft** nagykövetség
**brauchen** kell
**braun** barna
**brennen** ég
**Brief** levél
**Briefmarke** bélyeg
**Briefumschlag** levélboríték
**Brille** szemüveg
**bringen** hoz
**Brot** kenyér
**Brücke** híd
**Bruder** fivér, testvér
**Bruder (älterer)** báty
**Bruder (jüngerer)** öcs

# Wortliste Deutsch – Ungarisch

**Brunnen** kút
**(Zieh-)** gémeskút
**Brust** mell
**Buch** könyv
**Burg** vár
**Büro** iroda
**Butter** vaj

## C

**Chef** főnök
**Chor** kar, kórus
**Creme** krém

## D

**da** itt, ott
**daheim** otthon
**dahin** oda
**Dame** hölgy
**Dampf** gőz
**danach** azután
**dann** akkor
**darin** abban
**darum** azért
**dass** hogy
**dauern** tart
**delikat** finom
**denken** gondol
**Denkmal** emlékmű
**deutsch, Deutscher** német
**Dichter** költő
**Dieb** tolvaj
**Dienstag** kedd
**Ding** dolog
**Dirigent** karmester
**Donnerstag** csütörtök
**Dorf** falu
**dort** ott
**dort: von d.** onnan
**draußen** kint
**drinnen** bent
**dunkel** sötét
**durch** át
**dürfen** szabad
**Dusche** zuhany
**duschen** zuhanyozik
**duzen** tegez

## E

**eben** éppen most
**echt** valódi
**Ecke** sarok
**egal** mindegy
**Ehefrau** feleség
**Ehemann** férj
**Ehepaar** házaspár
**eher (lieber)** inkább
**Ei** tojás
**eigen** saját
**eilen** siet
**Einbettzimmer**
egyágyas szoba
**einfach** egyszerű
**Einfahrt, Eingang**
bejárat
**einige** néhány
**Einkauf** vásárlás
**einkaufen** vásárol
**einladen** meghív
**Einladung** meghívás
**einmal** egyszer
**einschlafen** elalszik
**einsteigen** beszáll
**einsteigen** felszáll
**Eintrittskarte** (belépő)jegy
**Eis** jég
**Eis (Speise-)** fagylalt
**Eisen** vas
**Eisenbahn** vasút
**Eltern** szülők
**empfehlen** ajánl
**Ende** vége
**enden** befejez
**endlich** végre
**Endstation** végállomás
**eng** szűk
**Ente** kacsa
**Entschuldigung** bocsánat
**Erbse** borsó
**Erde** föld
**Erdgeschoss** földszint
**Erfolg** eredmény
**erfrischen** felüdül
**erinnern, sich** emlékszik
**erlaubt** megengedett
**Erlebnis** élmény
**Ernte** aratás
**Ersatzteil** pótalkatrész
**erwachen** felébred
**Erwachsener** felnőtt
**Esel** szamár
**essen** eszik
**Essen** étel
**etwas** valami
**Europa** Európa
**ewig** örökké

## F

**Fabrik** gyár
**Faden** fonal
**Fähre** komp
**fahren** utaz
**Fahrerlaubnis**
utazási engedély
**Fahrkarte** (menet)jegy
**Fahrt** utazás
**fallen** esik

**Familie** család
**Familienstand** családi állapot
**Farbe** szín
**Fass** hordó
**Fassade** homlokzat
**fassen** fog
**fast** majdnem
**faul** lusta
**Feder** toll
**Feier** ünnep
**feiern** ünnepel
**Feile** reszelő
**fein** finom
**Feld** föld
**Fenster** ablak
**Ferien** szünet
**Fernstraße** országút
**fertig** kész
**Fest** ünnep
**Feuer** tűz
**Feuerwehr** tűzoltók
**Fieber** láz
**finden** talál
**Finger** ujj
**Fisch** hal
**Fischer** halász
**flach** lapos
**Flasche** üveg
**Fleisch** hús
**fleißig** szorgalmas
**fliegen** repül
**fließen** folyik
**Flughafen** repülőtér
**Flugzeug** repülőgép
**Fluss** folyó
**Forint (Münze)** Forintos
**Forschung** kutatás
**Foto** fénykép
**Frage** kérdés
**Fragebogen** kérdőív
**fragen** kérdez
**Frau** asszony, nő
**frei** szabad
**Freibad** strand
**Freiheit** szabadság
**Freitag** péntek
**fremd** idegen
**Freude** öröm
**freuen, sich** örül
**Freund** barát
**Freundin** barátnő
**freundlich** barátságos
**frisch** friss
**Friseur** fodrász
**froh** boldog
**Frucht** gyümölcs
**früh** korán
**Frühling** tavasz
**Frühstück** reggeli
**fühlen, sich** érzi
**führen** vezet
**füllen** tölt
**Furcht** félelem
**Fuß** láb
**Fuß: zu F.** gyalog
**Fußball** futball
**Fußgänger** gyalogos
**füttern** etet

## G

**Gabel** villa
**Gans** liba
**ganz** egész
**Garten** kert
**Gasse** utca
**Gast** vendég
**Gastgeber** vendéglátó
**Gebäck** sütemény
**Gebäude** épület
**geben** ad
**geben: es gibt** van
**Geburt** születés
**Geduld** türelem
**gedünstet** párolt
**Gefahr** veszély
**gefährlich** veszélyes
**gefallen** tetszik
**Geflügel** baromfi
**Gegend** táj
**gegenüber** szemben
**Geheimnis** titok
**gehen** megy
**gelb** sárga
**Geld** pénz
**gemeinsam** együtt
**gemischt** vegyes
**Gemüse** főzelék
**genau** pontos
**genug** elég
**Gepäck** csomag
**gerade** éppen
**geradeaus** egyenesen
**Gerät** készülék
**Gerechtigkeit** igazság
**gern** szívesen
**Gesang** ének
**Geschäft** üzlet
**geschehen** történik
**Geschenk** ajándék
**Geschichte** történet
**geschickt** ügyes
**geschieden** elvált
**Geschwindigkeit** sebesség
**Gesicht** arc
**gestern** tegnap
**gesund** egészséges
**Gesundheit** egészség

**Getränk** ital
**Gewitter** vihar
**gewöhnen, sich** szokik
**gießen** önt
**Glas (Material)** üveg
**Glas (Trink-)** pohár
**glauben** hisz
**Glück** szerencse
**glücklich** boldog
**Gold** arany
**Gott** Isten
**Grab** sír
**Grad** fok
**Grammatik** nyelvtan
**gratis** ingyen
**Grenze** határ
**grob** durva
**groß** nagy
**großartig** nagyszerű
**Größe** nagyság
**grün** zöld
**Grund (Ursache)** ok
**Grünzeug** zöldség
**Gruppe** csoport
**grüßen** köszön
**günstig** kedvező
**Gurke** uborka
**Gürtel** öv
**gut** jó

## H

**Haar** haj
**haben: zu h. (sein)** kapható
**Hahn** kakas
**Hals** nyak
**halt!** állj
**halten** tart
**Haltestelle** megálló
**Hammer** kalapács
**Hand** kéz
**Handtuch** zsebkendő
**hängen** akaszt
**Hauptstadt** főváros
**Haus** ház
**Haus: zu Hause** otthon
**Haut** bőr
**Heft** füzet
**Heide** puszta
**heilen** gyógyít
**heilig** szent
**Heimat** haza
**heiß** forró
**helfen** segít
**heraus** ki
**hereinkommen** bejön
**Herr** úr
**Herz** szív
**herzlich** szívélyes
**heute** ma
**hier** itt
**Hilfe** segitség
**Himbeere** málna
**Himmel** ég
**hin: h. und zurück** ide és oda
**hinlegen (etw.)** letesz
**hinlegen, sich** lefekszik
**hinten** hátul
**hoch** magas
**Hochzeit** esküvő
**Hof** udvar
**hoffen** remél
**höflich** udvarias
**Holz** fa
**Honig** méz
**hören** hall
**Hose** nadrág
**Hotel** szálloda
**hübsch** csinos
**Hügel** domb
**Huhn** tyúk
**Hund** kutya
**hungrig** éhes
**Hut** kalap

## I

**immer** mindig
**Industrie** ipar
**Infektion** fertőzés
**Information** tájékoztatás
**informieren** tájékoztat
**Innenstadt** belváros
**innerhalb** belül
**Insel** sziget
**insgesamt** összesen
**Instrument** hangszer
**interessant** érdekes
**Interesse** érdek
**inzwischen** közben
**irgendwelcher** valamelyik
**irgendwo** valahol

## J

**ja** igen
**Jahr** év
**Jahreszeit** évszak
**jährlich (Umst.)** évente
**jeder** mindegyik
**jedermann** mindenki
**jemand** valaki
**jetzt** most
**Jugend** ifjúság
**jung** fiatal
**Junge** fiú

## K

**Kaffee** kávé
**Kakao** kakaó

**kalt** hideg
**Kamm** fésű
**kämpfen** harcol
**Karosserie** karosszéria
**Karotte** sárgarépa
**Kartoffel** burgonya
**Käse** sajt
**Kasse** pénztár
**Katze** macska
**kaufen** vásárol
**Kaufhaus** áruház
**Keks** keksz
**Keller** pince
**Kellner** pincér
**kennen** ismer
**kennenlernen** megismer
**Kerze** gyertya
**Kette** lánc
**Kilogramm** kilogram
**Kind** gyermek
**Kinn** áll
**Kino** mozi
**Kirche** templom
**Kissen** párna
**Klasse** osztály
**kleben** ragaszt
**Kleid** ruha
**Kleidung** ruházat
**klein** kicsi
**Kleingeld** aprópénz
**Kleinigkeit** apróság
**klingeln** csönget
**klug** okos
**Knie** térd
**Knochen** csont
**Knopf** gomb
**Koffer** koffer, bőrönd
**Kohl** kel
**König** király
**können** tud
**kommen** jön
**kommen: komm her!** gyere ide!
**Komponist** zeneszerző
**Kondom** koton
**Kopf** fej
**Kopfsalat** fejessaláta
**Korb** kosár
**kosten (Preis)** kerül
**kosten (probieren)** kóstol
**kräftig** erős
**krank** beteg
**Krankenhaus** kórház
**Kraut** káposzta
**Kreis** kör
**Kreuz** kereszt
**Krieg** háború
**Küche** konyha
**Kuchen** sütemény
**kühl** hűvös
**Kultur** kultúra
**Kunst** művészet
**Künstler** művész
**Kürbis** tök
**kurz** rövid
**Kuss** csók
**küssen** csókol

## L

**lächeln** mosolyog
**lachen** nevet
**Laden** bolt
**Lage** helyzet
**Lampe** lámpa
**Land** vidék, ország
**landen** leszáll
**Landkarte** térkép
**Landschaft** vidék
**Landwirt** gazda
**Landwirtschaft** mezőgazdaság
**lang** hosszú
**langsam** lassú
**langweilig** unalmas
**Lärm** lárma
**lassen** hagy
**Lastwagen** teherautó
**lau** langyos
**laufen** szalad
**leben** él
**Leben** élet
**Lebensgefahr** életveszély
**Lebensmittel** élelmiszer
**Leber** máj
**lebhaft** élénk
**Leder** bőr
**ledig** nőtlen
**legen** fektet
**lehren** tanít, oktat
**Lehrer** tanító, tanár
**Lehrling** ipari tanuló
**leicht** könnyű
**leidenschaftlich** szenvedélyes
**leider** sajnos
**lenken** vezet
**lernen** tanul
**lesen** olvas
**Licht** fény
**lieb (nett)** kedves
**Liebe** szerelem
**lieben** szeret
**Lied** dal
**liegen** fekszik
**Limonade** limonádé
**links** balra
**Löwe** oroszlán
**Luft** levegő
**Luftpost** légiposta

**lügen** hazudik
**Lust** kedv
**lustig** vidám

## M

**machen** csinál
**Macht** hatalom
**Mädchen** (kis)lány
**Magen** gyomor
**Magenverstimmung** gyomorrontás
**mager** sovány
**Mais** kukorica
**Mal (ein anderes M.)** máskor
**malen** fest
**man** az ember
**Mann** férfi
**Mantel** kabát
**Märchen** mese
**Markt** piac
**Marmelade** lekvár
**Material** anyag
**Mauer** fal
**Medikament** orvosság
**Meer** tenger
**Mehl** liszt
**mehrmals** többször
**Meister** mester
**Mensch** ember
**Miete (Wohnung)** lakbér
**mieten** bérel
**Milch** tej
**Mineralwasser** szódavíz
**Minute** perc
**Missverständnis** félreértés
**Mittag** dél
**Mittagessen** ebéd
**Mitte** közép
**Mittelalter** középkor
**mittelmäßig** közepes
**Mittwoch** szerda
**Möbel** bútor
**Mode** divat
**modisch** divatos
**mögen** szeret
**möglich** lehetséges
**Möglichkeit** alkalom
**Moment** perc
**Monat** hónap
**monatlich (Eig.)** havi
**monatlich (Umst.)** havonta
**Mond** hold
**Montag** hétfő
**morgen** holnap
**Morgen** reggel
**Motor** motor
**müde** fáradt
**Museum** múzeum
**Musik** zene
**müssen** kell
**Mut** bátorság
**mutig** bátor
**Mutter** anya

## N

**nach** után
**nachdem, nachher** azután
**Nachmittag** délután
**Nacht** éjszaka
**nahe** közel
**Name** név
**Name (Familien-)** családnév
**Name (Vor-)** keresztnév
**Nase** orr
**Nation** nemzet
**national** nemzeti
**Natur** természet
**natürlich** természetes
**Nebel** köd
**Neffe** unokaöcs
**nehmen** vesz
**nein** nem
**nennen** nevez, hív
**nervös** ideges
**nett** csinos
**Netz** háló
**neu** uj
**neugierig** kíváncsi
**nicht** nem
**Nichte** unokahúg
**nie** soha
**niemand** senki
**noch** még
**Nockerln** galuska
**Norden** észak
**nötig** szükséges
**Nummer** szám
**nur** csak

## O

**oben** fent
**Oberleitungsbus** trolibusz
**Obst** gyümölcs
**obwohl** habár, bár
**oder** vagy
**öffnen** kinyit
**oft** sokszor
**ohne** nélkül
**Ohr** fül
**Öl** olaj
**Onkel** nagybácsi
**Oper** opera(ház)
**Operation** műtét
**Orchester** zenekar
**ordentlich** rendes
**Ordnung** rend
**original** eredeti

**Osten** kelet
**Ostern** húsvét
**Österreich** Ausztria

## P / Q

**Paar** pár
**packen** csomagol
**Palast** kastély, palota
**Papier** papír
**Partei** párt
**Person** személy
**Petersilie** petrezselyem
**Pfeife** pipa
**Pferd** ló
**Pfirsich** őszibarack
**Pflanze** növény
**Pflaster** sebtapasz
**pflegen** ápol
**Plan** terv
**planen** tervez
**Platz** hely
**Platz: P. nehmen** helyet foglal, leül
**plötzlich (Umst.)** hirtelen
**Polizei** rendőrség
**Polizist** rendőr
**Polster** párna
**Post** posta
**Postkarte** (postai) levelezőlap
**praktisch** hasznos, praktikus
**Preis** ár
**probieren** próbál
**Problem** probléma
**Pullover** pulóver
**Pulver** por
**Pumpe** pumpa
**Punkt** pont
**pünktlich** pontos
**Qualität** minőség

## R

**Rad** kerék
**Rand** szél
**Rasen** gyep
**rasieren** borotválkozik
**Rat** tanács
**rauben** rabol
**Rauch** füst
**rauchen** dohányzik
**Raum** hely
**Rechnung** számla
**Recht** jog
**rechts** jobbra
**reden** beszél
**Regel** szabály
**Regen** eső
**regieren** kormányoz
**Regierung** kormány
**regnen** esik
**reich** gazdag
**reif** érett
**Reihe** sor
**reinigen** tisztít
**Reis** rizs
**Reise** utazás
**Reiseleiter** idegenvezető
**Reisepass** útlevél
**rennen** szalad
**Rente** nyugdíj
**Rentner** nyugdíjas
**reparieren** javít
**Republik** köztársaság
**reservieren** tartalékol
**Rezept** recept
**Richter** bíró
**richtig** igazi
**Richtung** irány
**Rind** marha
**Ring** gyűrű
**Rock** szoknya
**roh** nyers
**Rolltreppe** mozgólépcső
**Rose** rózsa
**rot** piros, vörös
**Rücken** hát
**Ruf** hír
**rufen** hív
**ruhig** nyugodt
**Ruine** rom

## S

**Saal** terem
**Sache** dolog, ügy
**säen** vet
**Saft** lé
**sagen** mond
**Sakko** zakó
**Salz** só
**Samstag** szombat
**Sand** homok
**sauber** tiszta
**sauer** savanyú
**schade, Schaden** kár
**Schaffner** kalauz
**Schal** sál
**Schallplatte** lemez
**scharf** csípős, erős
**Schärfe** erő
**Schatten** árnyék
**schauen** néz
**Schaum** hab
**Scheck** csekk
**scheinen (aussehen)** látszik
**scheinen (Sonne)** süt
**Scherz** tréfa
**schicken** küld
**Schicksal** sors

**Schiff** hajó
**schlafen** alszik
**schläfrig** álmos
**Schlagsahne** tejszínhab
**Schlange** kígyó
**schlecht** rossz
**schließen** zár
**Schloss (Tür)** zár
**Schlüssel** kulcs
**Schlüsselloch** kulcslyuk
**schmackhaft** ízletes, jóízű
**schmal** keskeny
**Schmerz, schmerzen** fáj
**schmutzig** piszkos
**Schnee** hó
**schneiden** vág
**schnell** gyors
**Schnitt** szabás
**schon** már
**schön** szép
**Schönheit** szépség
**Schrank** szekrény
**schrecklich** borzasztó, rémes
**schreiben** ír
**schreien** kiabál
**Schuh** cipő
**Schule** iskola
**Schüler** tanuló, diák
**schwach** gyenge
**Schwein** disznó
**schwer** nehéz
**Schwester** testvér
**schwierig** nehéz
**schwimmen** úszik
**See** tó
**Seele** lélek
**segeln** vitorlázik
**sehen** lát
**Sehenswürdigkeit** látnivaló
**Sehnsucht** vágy
**sehr** nagyon
**Seife** szappan
**sein** van (lenni)
**sein: ist kein / nicht** nincs
**seit** óta
**seitdem** azóta
**Seite** oldal
**selten (Umst.)** ritkán
**senden** küld
**Serviette** szalvéta
**separat** külön
**Sessel** szék, fotel
**setzen** ültet
**sicher** biztos
**Sicherheit** biztonság
**siezen** magáz
**Sinn** értelem, ész
**Sitte** szokás
**Situation** helyzet
**Skulptur** szobrászat
**so** így
**Socke** zokni
**sofort** azonnal, mindjárt
**sogar** sőt
**Sohn** fiú
**solange** amíg
**Soldat** katona
**sollen** kell
**Sommer** nyár
**sondern** hanem
**Sonnabend** szombat
**Sonne** nap
**sonnen, sich** napozik
**Sonnenöl** napolaj
**Sonnenstich** napszúrás
**Sonntag** vasárnap
**sonst** különben
**Sorge** gond
**Spaß** tréfa
**spät** késő
**Spaziergang** séta
**spazierengehen** sétál
**Speise** étel
**Speisekarte** étlap
**Spezialität** különlegesség
**Spiegel** tükör
**Spiel** játék
**spielen** játszik
**Spinne** pók
**Sportart** sportág
**Sportler** sportoló
**Sportplatz** sportpálya
**Sprache** nyelv
**sprechen** beszél
**Sprichwort** közmondás
**Staat** állam
**Stadt** város
**Stadtbesichtigung** városnézés
**Stadtteil** városrész
**Stall** istálló
**stark** erős
**Station** állomás
**Staub** por
**stehen** áll
**stehlen** lop
**Stein** kő
**Stelle** állás
**stellen** állít
**sterben** meghal
**Stern** csillag
**still** csendes
**Stimme** hang
**Stockwerk** emelet
**Stoff** szövet, anyag
**stolz** büszke
**Storch** gólya
**Strafe** büntetés
**Straße (Land-)** út

**Straße (Stadt-)** utca
**Straßenbahn** villamos
**Straßenkreuzung** útkereszteződés
**Streichholz** gyufa
**Streit** veszekedés
**streng** szigorú
**stricken** köt
**Strom (elektr.)** áram
**Strumpf** harisnya
**Stück** darab
**Student** diák
**Stuhl** szék
**Stunde** óra
**suchen** keres
**Süden** dél
**Suppe** leves
**süß** édes
**Süßigkeit** édesség

## T

**Tablett** tálca
**Tablette** tabletta
**Tag** nap
**Tankstelle** benzinkút
**Tanz** tánc
**tanzen** táncol
**Tasche (Hand-)** táska
**Tasche (Hosen-)** zseb
**Taschenlampe** zseblámpa
**Taschentuch** zsebkendő
**tauschen** cserél
**Tee** tea
**Teich** tó
**Teil** rész
**Telefonzelle** telefonfülke
**Telegramm** távirat
**Teller** tanyér
**Temperatur** hőmérséklet
**Teppich** szőnyeg
**teuer** drága
**Theater** színház
**Thema** téma
**tief** mély
**Tier** állat
**Tinte** tinta
**Tisch** asztal
**Tischtennis** asztalitenisz
**Titel** cím
**Tochter** lány
**Tod** halál
**Toilette** vécé, mosdó
**Toilettenpapier** vécépapír
**Tomate** paradicsom
**Topf** lábas
**Tor** kapu
**Torte** torta
**Tradition** hagyomány
**tragen** visel, hord
**tränken** itat
**traurig** szomorú
**Treppe** lépcső
**treten** lép
**treu** hű
**trinken** iszik
**tun** tesz, csinál
**Tür** ajtó
**Turm** torony

## U

**Übel** rossz
**überall** mindenhol
**überflüssig** felesleges
**übermorgen** holnapután
**Überraschung** meglepetés
**Ufer** part
**Uhr** óra
**umarmen** (át)ölel
**umsehen** körülnéz
**umsonst** hiába
**umsteigen** átszáll
**umziehen (Adresse)** költözik
**umziehen, sich** átöltözik
**unbedingt** feltétlenül, mindenképpen
**unbekannt** ismeretlen
**und** és
**Unfall** baleset
**Ungar** magyar
**Ungarn** Magyarország
**Universität** egyetem
**unten** lent
**Unterführung** aluljáró
**unterhalten, sich** szórakozik
**Unterricht** tanítás, oktatás
**unterschreiben** aláír
**untersuchen** megvizsgál
**unterwegs** útközben
**Urlaub** szabadság

## V

**Vater** apa
**verabschieden** búcsúzik
**verändern, sich** megváltozik
**veranstalten** rendez
**Veranstaltung** rendezvény
**Verband** kötszer
**verboten** tilos
**verbringen** eltölt
**Vergangenheit** múlt
**vergeblich** hiába
**vergessen** elfelejt
**vergleichen** összehasonlít
**Verhalten** viselkedés

**verheiratet** házas
**verjüngern** fiatalít
**Verkauf** eladás
**Verkäufer** eladó
**Verkehr** forgalom
**verliebt** szerelmes
**Vernunft** ész
**verpacken** becsomagol
**verschieben** eltol
**verschlafen** elalszik
**verstehen** ért
**vertragen** kibír
**Verzeihung** bocsánat
**viel** sok
**vielleicht** talán
**Viertel** negyed
**Vogel** madár
**Volk** nép
**volkstümlich** népies, népszerű
**voll** tele
**voraus: im v.** előre
**vorbereiten** előkészít
**Vorbild** példakép
**Vorhang** függöny
**Vormittag** délelőtt
**vorne** elön
**Vorschrift** előírás
**vorstellen (jmd)** bemutat
**vorstellen, sich (gedankl.)** bemutat
**Vorstellung** előadás
**vorzeigen** felmutat

## W

**wagen** mer
**wählen** választ
**wahr** igaz
**Währung** valuta
**Wand** fal
**wann** mikor
**Warenhaus** áruház
**warm** meleg
**warten** vár
**warum** miért
**was** mi
**waschen** mos
**Waschpulver** mosópor
**Wasser** víz
**Wasserhahn** vízcsap
**wechseln** vált
**Weg** út
**wegen** miatt
**wegschicken (Brief)** elküld
**weh tun** fáj
**weil** mert
**Wein** bor
**Weinberg** szőlőhegy
**Weintraube** szőlő
**weiß** fehér
**weit (fern)** messze
**weiter** tovább
**Weizen** búza
**Welle** hullám
**Welt** világ
**wenig** kevés
**wenig: ein w.** egy keveset
**wenn (falls)** ha
**wer** ki
**werden** lesz
**werfen** dob
**Werkstatt** műhely
**Werkzeug** szerszám
**Westen** nyugat
**Wetter** idő
**Wettkampf** verseny
**wichtig** fontos
**wie** hogyan
**wie: w. viel (Maßeinheit)** mennyi
**wie: w. viel (Stück)** hány
**wiederholen** ismétel
**Wiedersehen: auf W.** a viszontlátásra
**Wien** Bécs
**Wiese** rét
**Wind** szél
**winken** integet
**Winter** tél
**Winzer** szőlősgazda
**wirklich (Umst.)** igazán
**Wirtschaft** gazdaság
**wischen** töröl
**wissen** tud
**Wissen** tudás
**Wissenschaft** tudomány
**Woche** hét
**Wochenende** hétvége
**wöchentlich (Umst.)** hetente
**wohin** hova
**wohnen** lakik
**Wohnort** lakóhely
**Wohnung** lakás
**Wolke** felhő
**Wolle** gyapjú
**wollen** akar
**Wort** szó
**Wörterbuch** szótár
**wunderbar** csodálatos
**Wunsch** kívánság
**wünschen** kíván
**Wurst** kolbász

## Z

**zahlen** fizet
**zählen** számol

**Zahn** fog
**Zahnbürste** fogkefe
**Zahnpasta** fogpaszta
**Zange** fogó
**Zaun** kerítés
**zeigen** mutat
**Zeit** idő
**Zeitung** újság
**zentral** központi
**Zentrum** központ
**zerreißen** elszakad, eltép
**ziemlich** elég
**Zigarette** cigaretta
**Zimmer** szoba
**zu (sehr)** túl
**Zucker** cukor
**zuerst** először
**zufrieden** elégedett
**Zug** vonat
**Zukunft** jövő
**zumachen** becsuk
**Zündkerze** gyújtógyertya
**Zunge** nyelv
**zurück** vissza
**zurückgeben** visszaad
**zurücklehnen** hátradől
**zusammen** együtt
**Zuschauer** néző
**zuschließen** bezár
**Zustand** állapot
**Zweibettzimmer** kétágyas szoba
**Zwiebel** hagyma
**zwischen** között
**Zylinder** henger

# Wortliste Ungarisch – Deutsch

## A (Á)

**abban** darin
**ablak** Fenster
**ad** geben
**ágy** Bett
**ágynemű** Bettwäsche
**ajándék** Geschenk
**ajánl** anbieten, empfehlen
**ajtó** Tür
**akar** wollen
**akaszt** hängen
**akkor** dann
**aláír** unterschreiben
**alkalmazott** Angestellter
**alkalom** Möglichkeit
**áll** stehen; Kinn
**állam** Staat
**állapot** Zustand
**állás** Stelle
**állat** Tier
**állít** stellen
**állomás** Station
**alma** Apfel
**álmos** schläfrig
**alszik** schlafen
**általában** im allgemeinen
**aluljáró** Unterführung
**amíg** solange
**anya** Mutter
**anyag** Material, Stoff (a. Textil)
**apa** Vater
**ápol** pflegen
**aprópénz** Kleingeld
**apróság** Kleinigkeit
**ár** Preis
**áram** Strom (elektr.)
**arany** Gold
**aratás** Ernte
**arc** Gesicht
**árnyék** Schatten
**áruház** Kaufhaus
**asszony** Frau
**asztal** Tisch
**asztalitenisz** Tischtennis
**át** durch
**átölel** umarmen
**átöltözik** sich umziehen
**átszáll** umsteigen
**Ausztria** Österreich
**autó** Auto
**autóbusz** Autobus
**autópálya** Autobahn
**azért** darum
**azonkívül** außerdem
**azonnal** sofort
**azóta** seitdem
**azután** danach, nachdem

## B

**bab** Bohne

# Wortliste Ungarisch – Deutsch

**baleset** Unfall
**balett** Ballett
**balra** links
**bank** Bank
**bár** obwohl
**barát** Freund
**barátkozik** sich anfreunden
**barátnő** Freundin
**barátságos** freundlich
**barna** braun
**baromfi** Geflügel
**bátor** mutig
**bátorság** Mut
**báty** älterer Bruder
**Bécs** Wien
**becsomagol** verpacken
**becsuk** zumachen
**befejez** enden
**bejárat** Einfahrt, Eingang
**bejön** hereinkommen
**belépőjegy** Eintrittskarte
**belül** innerhalb
**belváros** Innenstadt
**bélyeg** Briefmarke
**bemutat** vorstellen
**bent** drinnen
**benzin** Benzin
**benzinkút** Tankstelle
**bérel** mieten
**bérlet** Abonnement
**beszáll** einsteigen
**beszél** reden, sprechen
**beteg** krank
**bezár** zuschließen
**bíró** Richter
**biztonság** Sicherheit
**biztos** sicher
**bocsánat** Verzeihung
**boldog** froh, glücklich
**bolt** Laden
**bonbon** Bonbon
**bor** Wein
**bőr** Haut, Leder
**bőrönd** Koffer
**borotválkozik** sich rasieren
**borsó** Erbse
**borzasztó** schrecklich
**bosszankodik** sich ärgern
**búcsú** Abschied
**búcsúzik** verabschieden
**büntetés** Strafe
**burgonya** Kartoffel
**büszke** stolz
**bútor** Möbel
**búza** Weizen

## C (Cs)

**ceruza** Bleistift
**cigaretta** Zigarette
**cikk** Artikel
**cím** Adresse, Titel
**cipő** Schuh
**csak** nur
**család** Familie
**családi állapot** Familienstand
**családnév** Familienname
**csekk** Scheck
**csendes** still
**cserél** tauschen
**csillag** Stern
**csinál** machen, tun
**csinos** hübsch, nett
**csípős** scharf
**csodálatos** wunderbar
**csók** Kuss
**csókol** küssen
**csomag** Gepäck
**csomagol** packen
**csönget** klingeln
**csont** Knochen
**csoport** Gruppe
**csütörtök** Donnerstag
**cukor** Zucker

## D

**dal** Lied
**darab** Stück
**de** aber
**dél** Mittag, Süden
**délelőtt** Vormittag
**délután** Nachmittag
**diák** Student, Schüler
**disznó** Schwein
**divat** Mode
**divatos** modisch
**dob** werfen
**dohányzik** rauchen
**dolgozik** arbeiten
**dolgozó** Arbeiter
**dolog** Ding, Sache
**domb** Hügel
**drága** teuer
**durva** grob

## E (É)

**ebéd** Mittagessen
**édes** süß
**édesség** Süßigkeit
**ég** brennen; Himmel
**egész** ganz
**egészség** Gesundheit
**egészséges** gesund

**egyágyas: e. szoba** Einbettzimmer
**egyedül** allein
**egyenesen** geradeaus
**egyetem** Universität
**egyszer** einmal
**egyszerű** einfach
**együtt** zusammen, gemeinsam
**éhes** hungrig
**éjszaka** Nacht
**él** leben
**eladás** Verkauf
**eladó** Verkäufer
**elalszik** einschlafen, verschlafen
**elég** genug, ziemlich
**elégedett** zufrieden
**élelmiszer** Lebensmittel
**elem** Batterie
**élénk** lebhaft
**élet** Leben
**életveszély** Lebensgefahr
**elfelejt** vergessen
**elképzelhető** vorstellbar
**elkezd** beginnen
**elkísér** begleiten
**elküld** abschicken (Brief)
**élmény** Erlebnis
**előadás** Vorstellung, Show
**előírás** Vorschrift
**előkészít** vorbereiten
**előre** im voraus
**először** zuerst
**elön** vorne
**elszakad** zerreißen
**eltép** zerreißen
**eltol** verschieben
**eltölt** verbringen
**elutazás** Abreise, Abfahrt
**elutazik** abreisen
**elvált** geschieden
**ember** Mensch
**emelet** Stockwerk
**emlékmű** Denkmal
**emlékszik** sich erinnern
**ének** Gesang
**épít** bauen
**építkezés** Baustelle
**éppen** gerade
**éppenmost** eben
**épület** Gebäude
**érdek** Interesse
**érdekes** interessant
**eredeti** original
**eredmény** Erfolg
**érett** reif
**érkezés** Ankunft
**érkezik** ankommen
**erő** Schärfe
**erős** stark, kräftig, scharf
**ért** verstehen
**értelem** Sinn
**érzi** sich fühlen
**és** und
**esik** fallen, regnen
**esküvő** Hochzeit
**eső** Regen
**este** Abend, abends
**ész** Vernunft, Sinn
**észak** Norden
**eszik** essen
**étel** Essen, Speise
**etet** füttern
**étlap** Speisekarte
**étvágy** Appetit
**Európa** Europa
**év** Jahr
**évente** jährlich (Umst.)
**évszak** Jahreszeit

## F

**fa** Holz, Baum
**fagylalt** Speiseeis
**faj** Schmerz, weh tun
**fal** Mauer, Wand
**falu** Dorf
**fáradt** müde, erschöpft
**fehér** weiß
**fej** Kopf
**fejessaláta** Kopfsalat
**fekszik** liegen
**fektet** legen
**felad** aufgeben
**feladó** Absender
**feláll** aufstehen
**felébred** aufwachen
**felel** antworten
**félelem** Angst, Furcht
**felelet** Antwort
**feleség** Gattin
**felesleges** überflüssig
**felhő** Wolke
**felkelt** aufwecken
**felmutat** vorzeigen
**felnőtt** Erwachsener
**felpróbál** anprobieren
**félreértés** Missverständnis
**felszáll** auf-, einsteigen
**feltétlenül** unbedingt
**felüdül** erfrischen
**felvesz** anziehen
**felvilágosítás** Auskunft
**fent** oben
**fény** Licht
**fénykép** Foto

**férfi** Mann
**férj** Ehemann
**fertőzés** Ansteckung
**fertőző** ansteckend
**fest** malen
**fésű** Kamm
**fiatal** jung
**fiatalít** verjüngern
**finom** delikat, fein
**fiú** Junge, Sohn
**fivér** Bruder
**fizet** zahlen
**fodrász** Friseur
**fog** fassen; Zange
**fogkefe** Zahnbürste
**foglalt** besetzt
**fogó** Zange
**fogpaszta** Zahnpasta
**fok** Grad
**föld** Erde, Feld
**földszint** Erdgeschoss
**folyik** fließen
**folyó** Fluss
**fonal** Faden
**főnök** Chef
**fontos** wichtig
**forgalom** Verkehr
**Forintos** Forint (Münze)
**forró** heiß
**fotel** Sessel
**főváros** Hauptstadt
**főzelék** Gemüse
**friss** frisch
**függ (-tól, -től)** abhängen (von)
**függöny** Vorhang
**fúj** blasen
**fül** Ohr
**fúr** bohren
**fürdik** baden
**fürdőnadrág** Badehose
**fürdőruha** Badeanzug
**fürdőszoba** Badezimmer
**füst** Rauch
**futball** Fußballspiel
**füzet** Heft

## G (Gy)

**galuska** Nockerln
**gazda** Landwirt
**gazdag** reich
**gazdaság** Wirtschaft
**gémeskút** Ziehbrunnen
**gólya** Storch
**gomb** Knopf
**gond** Sorge
**gondol** denken
**gőz** Dampf
**gyalog** zu Fuß
**gyalogos** Fußgänger
**gyapjú** Wolle
**gyár** Fabrik
**gyenge** schwach
**gyep** Rasen
**gyere: gy. ide!** komm her!
**gyermek** Kind
**gyertya** Kerze
**gyógyít** heilen
**gyomor** Magen
**gyomorrontás** Magenverstimmung
**gyors** schnell
**gyufa** Streichholz
**gyújtógyertya** Zündkerze
**gyümölcs** Frucht, Obst
**gyűrű** Ring

## H

**ha** wenn, falls
**hab** Schaum
**habár** obwohl
**háború** Krieg
**hagy** lassen
**hagyma** Zwiebel
**hagyomány** Tradition
**haj** Haar
**hajó** Schiff
**hal** Fisch
**halál** Tod
**halász** Fischer
**hall** hören
**háló** Netz
**hanem** sondern
**hang** Stimme
**hangszer** Instrument
**hány (Stück)** wie viel
**harcol** kämpfen
**harisnya** Strumpf
**has** Bauch
**hasonló** ähnlich
**használ** benutzen
**hasznos** praktisch
**hát** Rücken
**hatalom** Macht
**határ** Grenze
**hátradől** sich zurücklehnen
**hátul** hinten
**havi** monatlich (Eig.)
**havonta** monatlich (Umst.)
**ház** Haus
**haza** Heimat
**házas** verheiratet
**házaspár** Ehepaar
**hazudik** lügen
**hegy** Berg
**hely** Platz, Raum
**helyett** anstatt
**helyzet** Lage, Situation
**henger** Zylinder
**hetente** wöchentlich (Umst.)

**hétfő** Montag
**hétköznap** Alltag
**hétvége** Wochenende
**hiába** umsonst, vergeblich
**híd** Brücke
**hideg** kalt
**hír** Ruf
**hirdetés** Anzeige
**híres** berühmt
**hirtelen** plötzlich (Umst.)
**hisz** glauben
**hív** rufen, nennen
**hivatal** Amt
**hivatás** Beruf
**hó** Schnee
**hogy** dass
**hogyan** wie
**hold** Mond
**hölgy** Dame
**holnap** morgen
**holnapután** übermorgen
**hőmérséklet** Temperatur
**homlokzat** Fassade
**homok** Sand
**hónap** Monat
**hord** tragen
**hordó** Fass
**hosszú** lang
**hova** wohin
**hoz** (mit)bringen
**hű** treu
**hullám** Welle
**hús** Fleisch
**húsvét** Ostern
**hűvös** kühl

## I (Í)

**ide: i. és oda** hin und zurück
**idegen** fremd
**idegenvezető** Reiseleiter
**ideges** nervös
**idő** Zeit
**ifjúság** Jugend
**igaz** wahr
**igazán** wirklich (Umst.)
**igazi** richtig
**igazolvány** Ausweis
**igazság** Gerechtigkeit
**igen** ja
**így** so
**indulás** Abfahrt
**ingyen** unentgeltlich
**inkább** eher, lieber
**integet** winken
**ipar** Industrie
**ipari: i. tanuló** Lehrling
**ír** schreiben
**irány** Richtung
**iroda** Büro
**is** auch
**iskola** Schule
**ismer** kennen
**ismeretlen** unbekannt
**ismétel** wiederholen
**istálló** Stall
**Isten** Gott
**iszik** trinken
**ital** Getränk
**itat** tränken
**itt** hier
**ízletes** schmackhaft

## J

**játék** Spiel, Spielzeug
**játszik** spielen
**javít** reparieren
**jég** Eis
**jegy** Eintritts-, Fahrkarte
**jó** gut
**jobbra** rechts
**jog** Recht
**jóízű** schmackhaft
**jön** kommen
**jövő** Zukunft

## K

**kabát** Mantel
**kacsa** Ente
**kakaó** Kakao
**kakas** Hahn
**kalap** Hut
**kalapács** Hammer
**kalauz** Schaffner
**kap** bekommen
**kapható** erhältlich, zu haben
**káposzta** Kraut
**kapu** Tor
**kar** Arm; Chor
**kár** schade, Schaden
**karmester** Dirigent
**karosszéria** Karosserie
**kastély** Palast, Schloss
**katona** Soldat
**kávé** Kaffee
**kedd** Dienstag
**kedv: kedve van** Lust haben
**kedvező** günstig
**kék** blau
**keksz** Keks
**kel** Kohl
**kelet** Osten
**kell** brauchen, müssen, sollen
**kellemes** angenehm
**kényelmes** bequem
**kenyér** Brot

**kér** bitten (um)
**kérdés** Frage
**kérdez** fragen
**kérdőív** Fragebogen
**kerék** Rad
**keres** suchen
**kereszt** Kreuz
**keresztnév** Vorname
**kerítés** Zaun
**kert** Garten
**kerül** kosten (Preis)
**kerület** Bezirk
**keskeny** schmal
**késő** spät
**kész** bereit, fertig
**készülék** Gerät
**kétágyas: k. szoba** Zweibettzimmer
**kevés** wenig
**kevés: egy keveset** ein bisschen
**kéz** Hand
**kezd** anfangen
**kezdet** Anfang
**ki** wer; heraus
**kiabál** schreien
**kibír** vertragen
**kicsi** klein
**kifejezés** Ausdruck
**kígyó** Schlange
**kijárat** Ausgang
**kikeres** aussuchen
**kilátás** Aussicht
**kilogram** Kilogramm
**kint** draußen
**kinyit** aufmachen, öffnen
**király** König
**kirándulás** Ausflug
**kislány** Mädchen
**kitart** aushalten
**kíván** wünschen
**kíváncsi** neugierig
**kívánság** Wunsch
**kivétel** Ausnahme
**kívül** außerhalb
**kő** Stein
**köd** Nebel
**koffer** Koffer
**kolbász** Wurst
**költő** Dichter
**költözik** umziehen
**komp** Fähre
**könnyű** leicht
**konyha** Küche
**könyv** Buch
**kor** Alter
**kör** Kreis
**korán** früh
**kórház** Krankenhaus
**kormány** Regierung
**kormányoz** regieren
**körte** Birne
**körülnéz** umsehen
**kórus** Chor
**kosár** Korb
**kóstol** kosten (probieren)
**köszön** grüßen
**köt** binden, stricken
**kötet** Band (Buch)
**koton** Kondom
**kötszer** Verband(smaterial)
**követség** Botschaft
**közben** inzwischen
**közel** nahe
**közép** Mitte
**közepes** mittelmäßig
**középkor** Mittelalter
**közmondás** Sprichwort
**között** zwischen
**központ** Zentrum
**központi** zentral
**köztársaság** Republik
**krém** Creme
**kukorica** Mais
**kulcs** Schlüssel
**kulcslyuk** Schlüsselloch
**küld** schicken, senden
**külföld** Ausland
**külföldi** Ausländer, ausländisch
**külön** separat
**különben** sonst
**különlegesség** Spezialität
**különös** besonders
**kultúra** Kultur
**kút** Brunnen
**kutatás** Forschung
**kutya** Hund

## L (Ly)

**láb** Fuß
**lábas** Topf
**labda** Ball
**lábszár** Bein
**lakás** Wohnung
**lakbér** Wohnungsmiete
**lakik** wohnen
**lakóhely** Wohnort
**lakos** Bewohner
**lámpa** Lampe
**lánc** Kette
**langyos** lau
**lány** Mädchen, Tochter
**lap** Blatt
**lapos** flach
**lárma** Lärm
**lassú** langsam
**lát** sehen
**látnivaló** Sehenswürdigkeit
**látogat** besuchen
**látogató** Besuch
**látszik** scheinen, aussehen

**láz** Fieber
**lé** Saft
**lead** abgeben
**lefekszik** sich hinlegen
**légiposta** Luftpost
**lehetséges** möglich
**lekvár** Marmelade
**lélek** Seele
**lemez** Schallplatte
**lent** unten
**lép** treten
**lépcső** Treppe
**lepedő** Bettuch
**lesz** werden
**leszáll** landen
**letesz** ab-, hinlegen
**leül** Platz nehmen
**levegő** Luft
**levél** Brief
**levélboríték** Briefumschlag
**levelezőlap** Postkarte
**leves** Suppe
**levesz** ausziehen
**liba** Gans
**limonádé** Limonade
**liszt** Mehl
**ló** Pferd
**lop** stehlen
**lusta** faul
**lyuk** Loch

## M

**ma** heute
**macska** Katze
**madár** Vogel
**magas** hoch
**magáz** siezen
**magyar** Ungar
**Magyarország** Ungarn
**máj** Leber
**majdnem** fast
**málna** Himbeere
**már** schon
**marha** Rind
**más** anderer
**másfél** anderthalb
**máshol** anderswo
**máskor** ein anderes Mal
**még** noch
**megálló** Haltestelle
**megbarátkozik** sich anfreunden
**megbeszél** besprechen
**megengedett** erlaubt
**megfigyel** beobachten
**meggondol** bedenken
**meggyújt** anzünden
**meghal** sterben
**meghív** einladen
**meghívás** Einladung
**megismer** kennenlernen
**megjön** ankommen
**meglepetés** Überraschung
**megváltozik** sich verändern
**megváltoztat** ändern
**megvizsgál** untersuchen
**megy** gehen
**meleg** warm
**mell** Brust
**mély** tief
**menetjegy** Fahrkarte
**mennyi** wie viel (Maßeinheit)
**mer** wagen
**mérges** böse
**mert** weil
**mese** Märchen
**messze** weit, fern
**mester** Meister
**méz** Honig
**mezőgazdaság** Landwirtschaft
**mi** was
**miatt** wegen
**miért** warum
**míg** bis
**mikor** wann, als (zeitl.)
**mind** alle
**mindegy** egal
**mindegyik** jeder
**minden** alles
**mindenhol** überall
**mindenképpen** unbedingt
**mindenki** jedermann
**mindig** immer
**mindjárt** sofort
**mindkettő** beide
**minőség** Qualität
**mint** als, wie
**mond** sagen
**mos** waschen
**mosdó** Waschraum, Toilette
**mosolyog** lächeln
**mosópor** Waschpulver
**most** jetzt
**motor** Motor
**mozgólépcső** Rolltreppe
**mozi** Kino
**műhely** Werkstatt
**mulat** sich amüsieren
**múlt** Vergangenheit
**munka** Arbeit
**mutat** zeigen
**műtét** Operation
**művész** Künstler
**művészet** Kunst
**múzeum** Museum

# Wortliste Ungarisch – Deutsch

## N (Ny)

**nadrág** Hose
**nagy** groß
**nagybácsi** Onkel
**nagyon** sehr
**nagyság** Größe
**nagyszerű** großartig
**nap** Sonne; Tag
**napolaj** Sonnenöl
**napozik** sich sonnen
**napszúrás** Sonnenstich
**negyed** Viertel
**néhány** einige
**nehéz** schwer, schwierig
**nélkül** ohne
**nem** nein, nicht
**német** Deutscher, deutsch
**nemsokára** bald
**nemzet** Nation
**nemzeti** national
**nép** Volk
**népies** volkstümlich
**népszerű** volkstümlich
**név** Name
**nevet** lachen
**nevez** nennen
**néz** schauen, blicken
**néző** Zuschauer
**nincs** ist nicht / kein
**nő** Frau
**női** weiblich
**nőtlen** ledig
**növény** Pflanze
**nyak** Hals
**nyár** Sommer
**nyelv** Sprache, Zunge
**nyelvtan** Grammatik
**nyers** roh
**nyugat** Westen
**nyugdíj** Rente
**nyugdíjas** Rentner
**nyugodt** ruhig

## O (Ó, Ö, Ő)

**öcs** jüngerer Bruder
**oda** dahin
**ok** Grund, Ursache
**okos** klug
**oktat** lehren
**oktatás** Unterricht
**olaj** Öl
**olcsó** billig
**oldal** Seite
**ölel** umarmen
**olvas** lesen
**onnan** von dort
**önt** gießen
**opera(ház)** Oper
**óra** Stunde, Uhr
**öreg** alt
**öregasszony** alte Frau
**örökké** ewig
**öröm** Freude
**oroszlán** Löwe
**orr** Nase
**ország** Land
**országút** Fernstraße
**örül** sich freuen
**orvos** Arzt
**orvosság** Medikament
**összehasonlít** vergleichen
**összesen** insgesamt
**őszibarack** Pfirsich
**osztály** Abteilung, Klasse
**óta** seit
**ott** dort, da
**otthon** daheim, zu Hause
**öv** Gürtel

## P

**palota** Palast
**pálya** Bahn
**pályaudvar** Bahnhof
**panasz** Beschwerde
**papír** Papier
**pár** Paar
**paradicsom** Tomate
**parancsol** befehlen
**paraszt** Bauer
**párna** Kissen
**párolt** gedünstet
**part** Ufer
**párt** Partei
**példa** Beispiel
**példakép** Vorbild
**péntek** Freitag
**pénz** Geld
**pénztár** Kasse
**perc** Minute, Moment
**petrezselyem** Petersilie
**piac** Markt
**pihen** sich ausruhen, rasten
**pince** Keller
**pincér** Kellner
**pipa** Pfeife
**piros** rot
**piszkos** schmutzig
**pohár** (Trink-)Glas
**pók** Spinne
**pont** Punkt
**pontos** genau, pünktlich
**por** Pulver, Staub
**posta** Post
**pótalkatrész** Ersatzteil
**praktikus** praktisch
**próbafülke** Umkleidekabine

**próbál** probieren
**probléma** Problem
**pulóver** Pullover
**pumpa** Pumpe
**puszta** Heide, Ödland

## R

**rabol** rauben
**ragaszt** kleben
**recept** Rezept
**reggel** Morgen
**reggeli** Frühstück
**remél** hoffen
**rémes** schrecklich
**rend** Ordnung
**rendes** ordentlich
**rendez** veranstalten
**rendezvény** Veranstaltung
**rendőr** Polizist
**rendőrség** Polizei
**repül** fliegen
**repülőgép** Flugzeug
**repülőtér** Flugplatz
**rész** Teil
**reszelő** Feile
**rét** Wiese
**ritkán** selten (Umst.)
**rizs** Reis
**rom** Ruine
**rossz** schlecht, schlimm
**rövid** kurz
**rózsa** Rose
**ruha** Kleid
**ruházat** Kleidung

## S (Sz)

**saját** eigen
**sajnál** bedauern
**sajnos** leider
**sajt** Käse
**sál** Schal
**sárga** gelb
**sárgabarack** Aprikose
**sárgarépa** Karotte
**sarok** Ecke
**savanyú** sauer
**sebesség** Geschwindigkeit
**sebtapasz** Pflaster
**segít** helfen
**segítség** Hilfe
**sem** auch nicht
**senki** niemand
**séta** Spaziergang
**sétál** spazieren
**siet** eilen
**sír** Grab
**só** Salz
**soha** nie
**sok** viel
**sokszor** oft
**söprű** Besen
**sor** Reihe
**sör** Bier
**sörözik** Bier trinken
**sors** Schicksal
**sőt** sogar
**sötét** dunkel
**sovány** mager
**sportág** Sportart
**sportoló** Sportler
**sportpálya** Sportplatz
**strand** Freibad, Strand
**süt** scheinen
**sütemény** Gebäck, Kuchen
**szabad** frei; dürfen
**szabadság** Freiheit, Urlaub
**szabály** Regel
**szabás** Schnitt
**szakáll** Bart
**szalad** laufen, rennen
**szalag** Band
**szálloda** Hotel
**szalvéta** Serviette
**szám** Nummer
**szamár** Esel
**számla** Rechnung
**számol** zählen
**szappan** Seife
**szegény** arm
**szék** Stuhl
**szekrény** Schrank
**szél** Wind; Rand
**szem** Auge
**szemben** gegenüber
**személy** Person
**szemüveg** Brille
**szent** heilig
**szenvedélyes** leidenschaftlich
**szép** schön
**szépség** Schönheit
**szerda** Mittwoch
**szerelem** Liebe
**szerelmes** verliebt
**szerencse** Glück
**szeret** lieben, mögen
**szerszám** Werkzeug
**sziget** Insel
**szigorú** streng
**szín** Farbe
**színház** Theater
**szív** Herz
**szívélyes** herzlich
**szívesen** gern
**szó** Wort
**szoba** Zimmer
**szobrászat** Skulptur
**szódavíz** Mineralwasser

**szokás** Sitte
**szőke** blond
**szokik** sich gewöhnen
**szoknya** Rock
**szőlő** Weintraube
**szőlősgazda** Winzer
**szőlőhegy** Weinberg
**szombat** Samstag
**szomorú** traurig
**szőnyeg** Teppich
**szórakozik** sich unterhalten
**szorgalmas** fleißig
**szótár** Wörterbuch
**szövet** Stoff
**szűk** eng
**szükséges** nötig
**születés** Geburt
**szülők** Eltern
**szünet** Ferien

## T (Ty)

**tabletta** Tablette
**táj** Gegend
**tájékoztat** informieren
**tájékoztatás** Information
**talál** finden
**talán** vielleicht
**tálca** Tablett
**tanács** Rat
**tanár** Lehrer
**tánc** Tanz
**táncol** tanzen
**tanít** lehren
**tanítás** Unterricht
**tanító** Lehrer (Grundschule)
**tanul** lernen
**tanuló** Schüler
**tányér** Teller
**tapsol** applaudieren
**tart** dauern, halten
**tartalékol** reservieren
**táska** Tasche (Hand-)
**tavasz** Frühling
**távirat** Telegramm
**tea** Tee
**tegez** duzen
**tegnap** gestern
**tehát** also
**teherautó** Lastwagen
**tej** Milch
**tejszínhab** Schlagsahne
**tekint** blicken
**tél** Winter
**tele** voll
**telefonfülke** Telefonzelle
**téma** Thema
**templom** Kirche
**tenger** Meer
**térd** Knie
**terem** Saal
**térkép** Landkarte
**természet** Natur
**természetes** natürlich
**terv** Plan
**tervez** planen
**tessék** bitte (sehr!)
**testvér** Geschwister
**tesz** tun
**tetszik** gefallen
**tilos** verboten
**tinta** Tinte
**tiszta** sauber, rein
**tisztít** reinigen
**tisztviselő** Beamter
**titok** Geheimnis
**tó** See, Teich
**többször** mehrmals
**tojás** Ei
**tök** Kürbis
**toll** Feder
**tölt** füllen
**tolvaj** Dieb
**töröl** wischen
**torony** Turm
**torta** Torte
**történet** Geschichte
**történik** geschehen
**tovább** weiter
**tréfa** Scherz, Spaß
**trolibusz** Oberleitungsbus
**tud** können, wissen
**tudás** Wissen
**tudomány** Wissenschaft
**tükör** Spiegel
**túl** zu (sehr)
**türelem** Geduld
**tűz** Feuer
**tűzoltók** Feuerwehr
**tyúk** Huhn

## U (Ú, Ü, Ű)

**uborka** Gurke
**udvar** Hof
**udvarias** höflich
**ügy** Angelegenheit, Sache
**ügyes** geschickt
**új** neu
**ujj** Finger
**újság** Zeitung
**ültet** setzen
**unalmas** langweilig
**ünnep** Feier, Fest
**ünnepel** feiern
**unokahúg** Nichte
**unokaöcs** Neffe
**úr** Herr